気剣体一致の「改」KAI

〈新装改訂版〉

〝常識〟を捨てた瞬間に到達できる神速の剣術

黒田鉄山

BABジャパン

型こそ厖大なる遺産そのものであった。

はじめに

現代の日本の武術において、流儀流名を標榜する、いわゆる「古流」といわれるものの多くは、型という一見儀式的形式的な所作をくり返し修錬するものと思われている。と言っても、それは古流武術というものの存在を多少なりとも知っている方たちの間において、こんな程度だということである。それ以外の方たちにおいては、そういうものが現代に存続しているということすら知られていない。

そんな中ではスポーツ的な、というよりほとんどスポーツ競技化している現代武道とくらべて、古流武術の動きは緩慢で動作に重々しさばかりを出そうとしているかのように思われている。また、型のひとつひとつの動作の意味も不明になっていることが多い。そもそも型自体が昔の生活習慣を基にしているため、現代においてはもはやそんな型を学ぶことになんら意義を見いだせないでいる。まして、格闘性という観点からは、着物に袴という恰好ではその運動性において不便なこと甚だしい。など、あげればきりがないほど現代的視点からすると古流武術というものは、どうも骨董的遺産、前世紀の遺物としてみられがちである。多少わかい方たちの眼が向けられつつあるが、全体としての見方はたいしてかわっていないようだ。

だが、なぜそのようなものに、かつての侍たちは命をかけてまで修錬したのだろう。現代のスポーツ的な動きのほうが速いというのなら、往時にだって運動能力の優れた人間は数多くいたはずだ。なぜ、型しか学んだことのない人間から、現代的視点からは考えられないような名人達人伝説が生まれたのだろう。

われわれの祖先たちは、型の何を学ぼうとしたのだ。型のどこに、型の何に命をかけるに足るだけの価値があったのだ。そんな素朴な疑問を抱きつつ家伝の型を見つめなおし、稽古を続けてきた。その間の稽古日誌、稽古備忘録を整理しまとめたものが本書である。

日本古来の剣術や柔術、居合術などといったものに理論などないと思われている方、あるいはすでに日本の武術に幻滅感すら抱いている方々に本書を繙いていただけたなら、すこしはそんな誤解を解いていただけるものと確信する次第である。

人が人として正しく動けるように導いてくれるものが型である。この型、真の型は一般的な型（形）とは大きく次元を異にするものである。

型は、技そのものであり、理論そのものである。その動きは、軽く、柔らかく、速く、静かで浮いている。しかも、美しく、動きは消える。これが古伝の日本武術の世界である。

本書が、日本古来の伝統武術というものを、われわれ自身の大いなる遺産として見なおす端緒ともなれば望外のよろこびである。

（二〇〇〇年初版）振武舘黒田道場　黒田鉄山

改訂にあたって

我が国の文化の特質は型にあると思っている。いや、それは欧米においてもマナー、礼儀作法というがごとく、他の生き物とは異なり人がひととしてのありようを示す唯一のものである。

それが武術の世界にあっても同様に、型というものを通して命のやりとりを学ぶ手だてとなっている。そして、そんな術を学ぶ身体はいかなるものか、ということを知るために、いにしえの侍は剣の術を追究したのだ。学べばまなぶほど、生来の我が身体は、我が身体ではなくなる。稽古と共に限りなく変化をし続けた身体は、先祖返りをしたかのようだ。しかし、その変化に変化をしつくした果てに現れた身体こそが祖先両親からもらった本来の我が身体なのである。

と、いまのわたくしには型における身体というものを、そんなふうにしか考えられない。家伝の型が現在のわたくしを創ってくれたのだ。

本書は、剣術編として一巻をなしている。いにしえの侍の剣とはどのようなものであったのだろうか。そんなことを、多少なりともご理解いただけたらありがたい。そして、それはまさに生来の運動能力や体力などには無縁の世界であることから、真の意味で年齢性別を問わない。そんな古伝の世界を楽しんでみたいと思う方が少しでも増えてくれたら、望外のよろこびである。

平成二十七年七月

振武舘黒田道場　黒田鉄山

新装改訂版 気剣体一致の「改」

はじめに……13

剣術編

第一章　私の剣術……15
▼流祖　▼駒川改心流剣術　▼素振り―最大最小理論
▼素振り礼式　▼私の剣術

第二章　剣術における無足の法……33
▼半身　▼半身という難しさ　▼入身
▼半身、沈身そして浮身　▼体捌き　▼身体の捻じれ

▼素振り三年　▼講習会　▼甘い稽古　▼遅速不二
▼太刀術礼式

第三章　涎賺……53
▼斬猫　▼涎賺―その極意性（一）　▼涎賺―その極意性（二）
▼涎賺―その極意性（三）　▼涎賺―その極意性（四）　▼心体
▼先　▼受の魔の太刀　▼引き斬り

第四章　目附……71
▼八相の構え　▼剣術に見る柔術的要素
▼見える次元、見えない次元　▼目附　▼抄い斬り

第五章　足切……85
▼足切　▼滅私没我――素直なよい子――　▼剣術における浮身
▼身体の術技的普遍化　▼点の間　▼術と道

第六章　実手……103
▼上位の腰　▼受け流し　▼鈎　▼正郡の実手

第七章 実手の操法 …… 113
▼持ち方 ▼構え ▼不動剣の構え ▼切っ先返しの構え
▼陰剣の構え ▼胸刀の構え ▼操法

第八章 実手型 …… 123
▼型稽古の前に ▼実手術礼式 ▼肱落 ▼肱留 ▼燕返

第九章 小太刀 …… 139
▼小太刀術礼式 ▼小太刀一本目 ▼飛んで跳ばず
▼陰剣からの変化 ▼砂巻（肱車）

第十章　薙刀……153
▼祖父の薙刀　▼家伝の薙刀―その操法―　▼素振り
▼薙刀術礼式　▼陰之薙　▼薙刀も速いもの
▼飛違、そして勝色

第十一章　両刀居合詰……175
▼二刀のこと　▼特徴　▼両刀の頃
▼祖父の両刀　▼柄払　▼三方　▼太刀色

第十二章　奥三ツ太刀……195
▼術を知る　▼型を知る　▼飛変
▼日月　▼総括として

おわりに

剣術編

剣術編

第一章　私の剣術

▼流祖
▼駒川改心流剣術
▼素振り―最大最小理論
▼素振り礼式
▼私の剣術

流祖

流祖の駒川太郎左衛門国吉は甲州の人で、はじめ新陰流の開祖上泉伊勢守信綱に就き修行を積んだ。のち号を改心と称え、自得した技のすべてを桜田次郎左衛門貞国へ伝え、以後これより駒川改心流と称するようになった。そののち、富山藩に伝えられた流儀である。

祖父は子供の頃、わが流儀を「新陰流」だと教えられて育った。長ずるに及び、他の現代新陰流と比べ、あまりにも違っていることに不信を抱き、曾祖父の正郡に問い質した。

勤王の志士藤井右門直明は、当時江戸で「腕の右門」と評されるほどであったが、宝暦明和の陰謀事件に連座したかどで刑死となった。が、のちに明治新政府より維新の先駆けとしての功労を認められ明治二十四年に正四位を贈られている。この藤井右門が改心流の遣い手であったため、各藩とも幕府を慮《おもんぱか》り改心流の締めだし、あるいは伝書等の焼却、流名の変更などをしたのである。祖父が新陰流といって教えられてきたものは、まさにこの駒川改心流であった。祖父の兄の正義なども普段は新陰流を名乗って竹刀を交えていたそうである。たしかに新陰流から生まれた流儀ゆえ、その技法に違いはない。

富山地区以外で流祖伝来の改心流を称えたのは、祖父黒田泰治（明治二九年生～昭和五一年没）が初めてである。

駒川改心流剣術

流祖・駒川太郎左衛門国吉―桜田次郎左衛門貞国―小嶋平吉直吉―（藤井家二代）…（加藤家三代）―加藤与七茂信―野口源蔵宣政―黒田弥平正好―黒田寛正郡（龍心斎）―黒田正義―黒田泰治（鉄心斎）―黒田繁樹―黒田鉄山―黒田泰正

剣術とはいうが、その内容は、中太刀《ちゅうだち》にはじまり、実手、小太刀、薙刀、両刀居合詰、奥三ツ太刀、小搦、三ツ道具、鎖鎌などそれぞれ表裏、奥（極意）までの型がある。

型など少ないほうがよいという論は古くから存在している。少ない型が生きたまま手渡されるのなら、それはそれでよい。わたくしのような凡人にとっては、各種各様の動き方があり、しかもそれぞれの動きを、ひとつの理論で学べるほうが、明確でなだらかな階段としてありがたい。前に進むのと後ろへ歩むのとでも運動の難しさは異なる。各種各様の手足の変化を学ぶに如くは無い。

素振り――最大最小理論

剣の修行は、なにはさておき、素振りから始まる。しかもそれは廻剣理論に基づく至難の運動理論である。なぜ至難かを説明するのはたやすい。

現代剣道の主流を占める、前後素振りとは異なり、左右の廻剣素振りから修行がはじまる。その左右は、両腕両手がまさしく正中線上を上下する前後振りに同じである。正しく太刀を操作しようとしたとき、術技的身体への大きな壁を痛感させられる処である。左右であって、中心線上を動こうとすれば、当初、初心者の動き方は、みな否定されることばかりだ。

小さい頃、初心者に対して、よく見本として素振りをやらされた。その素振りの太刀筋は、狭い部屋でも充分に太刀を振ることができる、という見本として、わざわざ道場の壁際や障子のそばでふらされたものだ。そうやっておだてられて大きくなった。そして、二十歳前後の頃、数種ある素振りのうちの前後振りをやっていたとき、祖父がひとこと、太刀が遅れると言った。振り返りざまの太刀を前より速く振り下ろした。内心これでよいのでは、と思った。ところが、祖父は、それを否定した。当時のわたくしは、まさかあの自分の素振りを否定されるとは夢想だにしなかった。

いままで素振りなど一度も難しいと思ったことはなかった。その一言は胸に突き刺さった。子供の頃から稽古で尻が重いと言われた。たしかに駆け足は嫌いだったし、体の固さ、足の遅さは自覚していた。それだけに、小さい頃からのおだてにのり、素振りは得意なものと天狗になっていたようだ。そのたいして高くもない鼻をへし折られたのだから、わたくしには何もなくなってしまった。

それ以後、今まで意識もしなかった左右の手の返しに、明確な違和感を覚えるようになった。なるほど、右へ、左へと太刀を返すとき手首をこね、太刀を左右に振り回していて遅い。そのもたつくいやな感じが頭からはなれなくなった。と、ともにそれは祖父の「駄目なものをいくら速くしてもだめだ」という言葉とひとつになって脳裏に刻みつけられた。

素振りとは

型としての素振りによって、まず術技的身体と一般的身体との壁を認識することから剣の修行は始まる。

ここからわたくしの第一次の稽古の見直しが始まったと言ってよい。その手始めが居合であった。居合では後太刀といわれるこの廻剣素振りの太刀筋は、いくら振ってもその本性を現してはくれなかった。抜いても駄目、振ってもだめ。毎日、はなからしまいまで駄目なままだった。

素振りというものは、いかに自分の体が動かないものであるかを知るためのものだった。仮想敵、据え物などが対象ではない。それ以前に、正しく動けぬ自分自身が対象なのだ。動かぬ自分をいったんすべて斬り捨てるためのものである。動かぬ自分を斬ることができなくて、生きて動いている人間を斬ることなど到底できるわけがない。

重量のある真剣を、原則として相手より敏速に扱うということが直接生死に関わる以上、それは往時の侍たちにとって、平生どれほど重要な問題であったかは想像に難くない。

若者を相手に一見ゆっくりと動いているように見えていて、実は速いという老名人の動きは、たんに長年の修錬による間や拍子、心の読みなどに長けているというだけにとどまらない。名人が名人たるゆえんは、即物的な体力の世界ではなく純然たる術技の世界、異なった次元の身体運動の世界に到達しているからである。未熟な若者が遅いと見ている老名人の動きは､実は彼とはまったく異なった「動き方」をしている。老名人は、もっとも速い動き方で彼に合う程度にゆっくりと動いているだけなのだ。本質的に速い動き方だから、速い間を持つ故に、ゆっくり動いても間に合うのだ。若い彼がいくら速く動いたつもりでも老名人のゆっくりとした動きで間に合ってしまうということは、彼の未熟さの反映なのだ。彼がいくら速くしても、その動き方では老名人の速さに追いつくことはない。駄目なものをいくら速くしても駄目だ、という典型である。もともと質の異なるそれぞれの速さは、較べようもないのである。

未だ武術的身体なるものを知らぬ若者には、自分と同次元の動き方しか眼に映らない。腕の上下運動は誰がやっても同じ運動にしか見えない。老名人の動きは、非常に高度に術技化された非日常的身体運動が老年に至り、極度に日常化されているため、それに気づかぬ若者は老名人の動きを一般人の延長上にあるものと誤解をする。何も見えていないのだ。そのため、たんに彼が老名人のゆっくりとした動きを真似してみても、当然のことながら、自分と同次元の相手にはけっして間に合わない。老名人の動き方を理解できぬまま似て非なることをして気づかず、見えないままに老名人を別格扱いする……。若い頃のわたくし自身の反省である。

ただ武門の家に生まれたというだけで稽古は仕込まれもせず、なまくら稽古で育った。型の真意を知ることなくただ形骸を動くことと、わずかに竹刀を振り回すことのみにとどまっていた。祖父の異次元の身体を目の当たりにして育ちながら、あまりにも不明であった。昔の稽古で育った腕の立つ人であるという漠然とした認識くらいしかなかった。上《じょう》の位の腕というものがどのような次元のものなのかを理解することはできなかった。いや、消える動きの精髄を、はじめから感動を持って見ることなど到底できないのだ。動きの端々に表れる滑らかさ、美しさ以外は、極めて平々凡々、あまりにも消えすぎていた……。

その、見えぬもの、まるで何もない厖大なるものを求めて、素振りの一からのやり直しが、わたくしの本当の武術人生の始まりとも言える。

術とは見えぬもの、見て取（盗）ることなど不可能なものと知ってからは、型がすべてを知るものであった。型こそが見えざる厖大な術技体系を伝える遺産そのものであった。わたくしが最大最小理論と名付けた型理論もそのひとつである。太刀は手に持つものだが、術を生むために太刀を操作するのは、身体そのものであって、手や腕の運動ではない。

素振り礼式

構えに入るに際しては、まず太刀（木刀）は左腰に置く。一礼をなして、右手を柄にかけ、太刀を鞘から抜くようにして上から円を描いて、右ひと足を踏み出し、右半身となる。右半身を保ちつつ、腰を落としながら左膝をやや内へ絞り込むようにして居合腰となり、左手を柄頭に添える。このとき第四、五指は柄頭に懸けずに柔らかく握る。この時、左下腿は水平となり、右足踵はごく僅かに浮かしている。両拇趾は、一本の直線上を踏む。柄は水平、両肘完全伸展である。

順序として、左の素振りからはいる。円転して見える輪の太刀（廻剣素振り）の要点は、けっして太刀を手先でこね廻してはならないということである。それを伝えるため、祖父泰治は三つの動作として指導した。これは、すでにひとつの型である。その第一動作を、わたくしは極意と認識している。

第一動作

左手を右手に添えるとき、太刀を左へ返す。このとき、切っ先は直線を描いて、左斜め下へ落ちる。

素振り礼式

素振りの第一動作

正しい術技的動作は基本であると同時に、極意にも直結する。

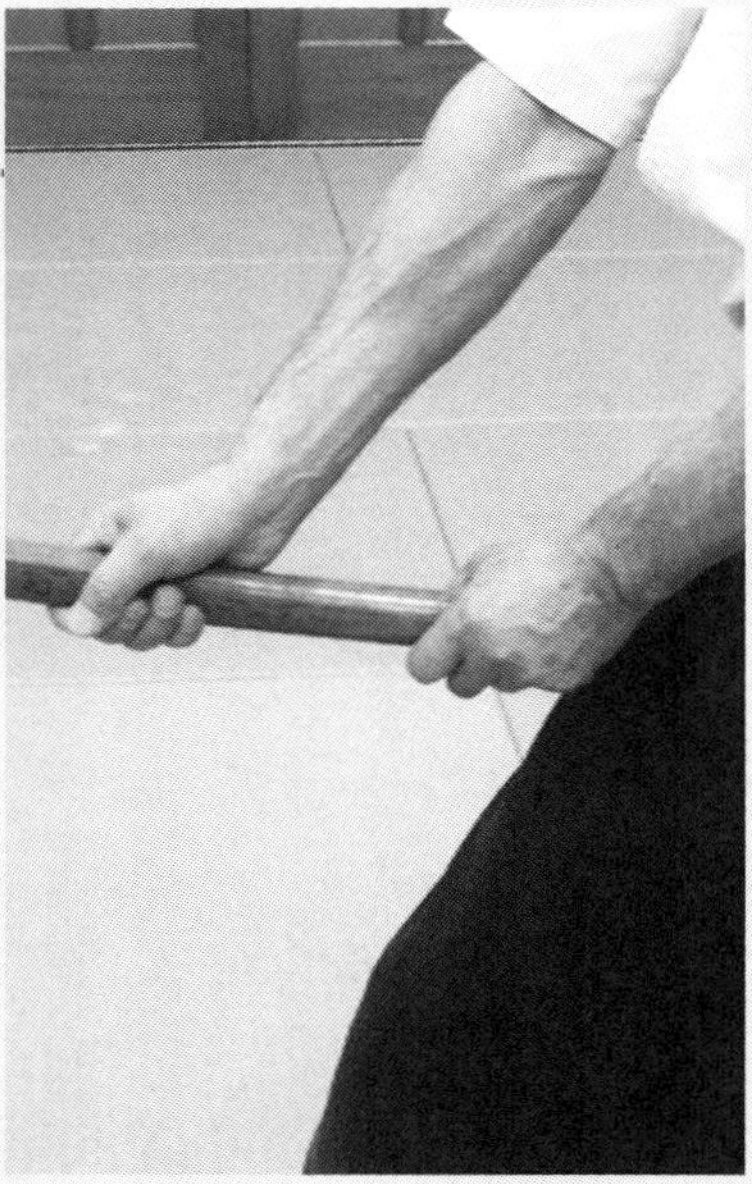

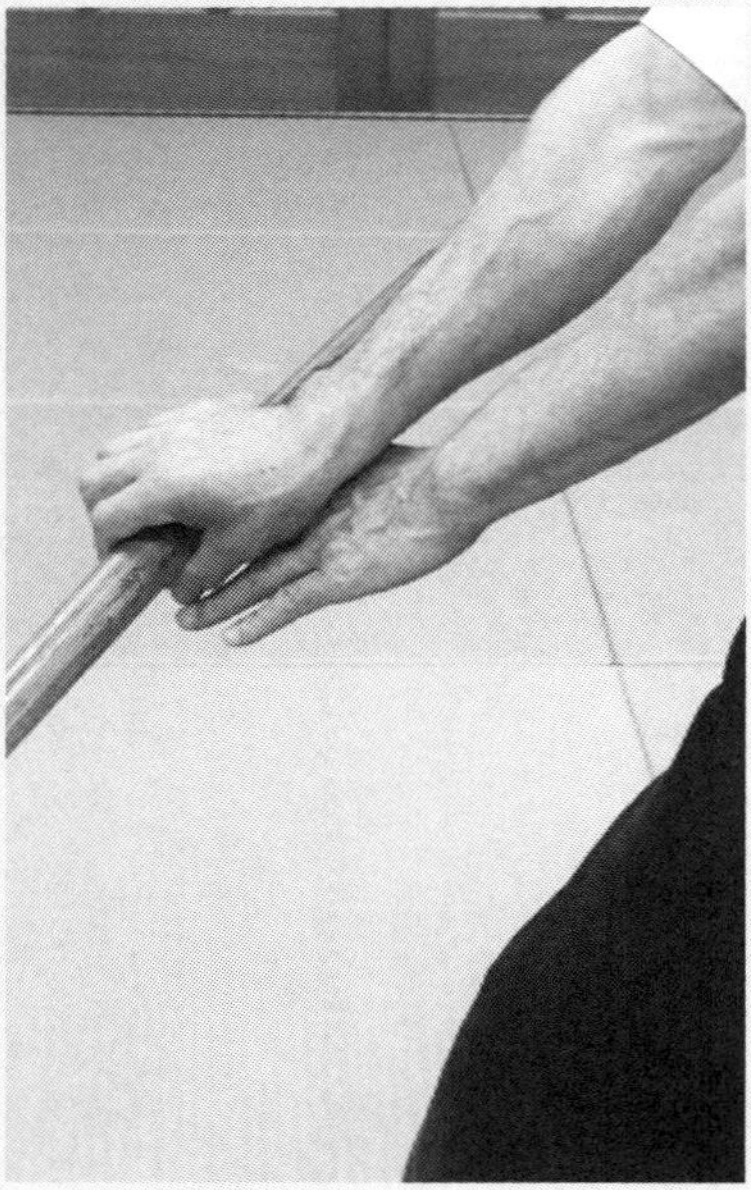

左右の手首は斬り手となる。上腕は外旋する。つまり、脇がしまる。したがって、肘窩は上へ返る。

これらがひと動作でおこなわれなければならない。なお、太刀を返すとき、手を上へあげてはならない。構えた定位置で第一動作を完了しなければならない。

この形からわかるように、右脇は解剖学的にしまったまま上下運動にはいることになる。多くは、このような返しを行う時、上腕は内旋し、切っ先は上円を描いて左斜め下へおち、手首は凸となり、脇もあいた形となる。それからの太刀の円転操作は棒を振り回すがごとき一般的な運動となる。廻剣理論とは、太刀の円運動を教えるものではない。その基本は太刀を廻さないことにある。刃筋を通すために、廻さぬのである。

第二動作

正しく第一動作が完了したならば、斬り手を保持したまま、まっすぐに両腕を振り上げる。太刀は引力のままに、下に垂れた形を保持したまま、腕が上がるにしたがいその左腕に沿ってくる。完全伸展の上腕が耳の位置まで引き上げられたところが最高地点である。このとき、太刀は左腕に寄り添った形をとる。握る力が強すぎれば、このような変化は得られない。

第三動作

両腕を振り下ろす動作に、手の操作をひと調子に一致させる。左手は、柄頭に向かい静かに滑り降り、柄が水平位となるとき、柄頭に到達する。広背筋により上腕骨を引き下ろすため、肩が支点とはならない。そしてこれらの三動作が上下運動の二動作となり、ひと調子の一動作となったとき、太刀は前後に長大な円運動となり、天井、鴨居等に触れずに扱うことができる。

この廻剣動作こそ最大最小理論を表している。両肘完全伸展の上下振り運動により、廻さずに太刀を扱うため、回転モーメントの法則による太刀の抵抗は生まれない。同じ腕の上下運動でありながら、一般的な上下あるいは前後の往復運動における慣性力による大きな抵抗もない。ここに、両肘完全伸展による最大にして、両腕、太刀の軌跡が最小となり、最大の円運動により最強を得、その結果、最速を得ている。ここに、最大にして最小という二律背反する条件を、ひとつの動きとして証明する。

古人は我が命を守るため、太刀を最速、最短にして最強に打ち振るあらゆる直線運動を追究した。そして、直線に支えられた太刀の円転運動が生まれたのである。

基本ですら、現代の科学的分析にもじゅうぶん耐えることのできる理論を保持している。いや、それほどの基本だからこそ、基本として重要なのだ。輪の太刀が魔の太刀と畏怖された極意性を基本から学び続け、極意へ、魔の太刀へと昇華しなければならない。ここに、至難の基本が存在する。

私の剣術

幼い頃、父に面を着けられて大人の稽古する道場へ出た。稽古のあと、面を叩かれると頭が痛いと父に告げると、うちの稽古で痛いはずはないがなあ、と面を見てくれた。そして「これじゃあ、いくらうちの稽古でも痛いわけだ」と笑った。面の綿があらかた抜け落ちて、ほとんど生地だけになっていた。一番弟子と言われる上位の先輩が防具を着けて道場に立つと、祖父が立っているのかと見間違うほど、構え、雰囲気などがそっくりだったと祖母が言っていた。伴侶にも判別ができないほど、うり二つの身体というものが流儀の何たるかを証明している。稽古ぶりまで同様である。一個独自の剣風を磨くという方向性はまったくない。師伝の流れをそのまま受け継いでいる。

曾祖父の正郡がある時、他流の師範と試合を行った。祖父は師父の試合など珍しいものだと、興味深く見守っていたところ、正郡は小首をかしげる風である。暫くして小手をひとつ打って「ご無礼をいたしました」と、引き下がった。祖父が小首の件を問えば、「いや○○流だと言うから、もう少し遣うと思ったのだが、なかなか打ってこぬので、こちらから先に頂戴した……」とのことであった。祖父も中山博道師範から「地味だが濃くのある稽古」と評されるほど、自分からはむやみに打って出ず、すべて相手に応じ、受け流し受け返し、どこにも触れさせないという遣いぶりであった。そんな話を聞いていた一番弟子の彼も、ある試合で教士を相手に同じことをした。音がしたので審判が確認を取ると、打たれた師範が頭を垂れる。見えない小手を取って引き下がった。苦笑いの祖父が問えば、「打ってこないので、こちらから一本頂戴しました。」と、口ぶりまで同様である。

型によって理論的身体を創り上げるということが当時どれほど理解されていたかは不明だが、とにかく型から始まりすべて師の真似をするということが稽古の本旨となる。しかし、個性ある人々が別の人を真似ることなどなかなかできないのが現実である。だからこそ、半世紀を指導してきた祖父でさえも、たった一人か二人ほどしか育て得なかった。

そんな環境で、先に述べたとおり、わたくしも物心ついたときには道場で大人と稽古をしていた。幼児期、言うことを聞かぬわたくしを数人の大人たちが押さえつけて、やっとの思いで防具を着けさせたと、後年先輩のひとりから聞いて、まったく記憶のない事柄に驚いたものだ。

初心のわたくしは、下《げ》の位の稽古を専一とさせられた。その竹刀の構えは、両肘完全伸展、切っ先は天を向く。立てた太刀を我が身体の盾とする構えである。互先の構えということについて、祖父泰治は次のように述べている。

『太刀を取って構えたとき、わずか一分足らずの刃幅であるが、この刃幅を利用して相手の機先を制する有利な方法があります。これを剣法では互先と称して、太刀を相手方の両眼の間、すなわち鼻筋の直線上に乗るようにぴたりと位置を取ることであります。そして、両者のうちいずれか一方がこの互先の構えを取れば他方は正確な互先の構えをとることはできえないものであります。』

このような厳しい状況における互先の競り合いを避けることから稽古がはじめられる。訳もわからずに片身はずしの正眼などというものを当初から教えられる。相手に斬らせるために切っ先を右へ開く。誘いの一手である。ここにも力の絶対否定が大きな壁となる。普通に太刀を開けば、互先の構えを取る相手には刃が立たない。それを逆転する構えなのだ。

この構えから相手が上位者であればあるほどこちらは腰を低く落とし、前後左右に体を捌きつつ連打を放つ。毎秒十本前後の打ちを打ちまくり、疲れたら引き下がって縁を切り、礼式をして竹刀を納める。それをくり返し元立ちの上位者に順次あたるのである。父はわたくしに、相手が五本打つ間に十本、二十本打ち、相手に打つ暇を与えないくらい一方的に打ち込んで、打つだけ打って疲れたら引き下がるのだ、と教えた。

大人との稽古だが、相手が受け流しても打ち込んだ手応えはあり、流れた太刀が防具、身体に触れる。だが一、二を争う上位の先輩には祖父と同様に、いくら打てども正面に立てて構えた太刀にすべて受け流され、竹刀は空を流れるばかりだ。そして、向こうからは滅多に打ち返さないが、こちらの打ち込む合間にぽつりぽつりと面や小手を打ってくる。その間も打ち続けるこちらの竹刀は相手にあたることはけっしてない。左右面、上下の小手面をいくら連打しても暖簾に腕押し、糠に釘といった塩梅である。まるで手応えがない。こちらの打つ順番を知っているかのような錯覚におちいる。竹刀が面にいけば面に、小手から面にいけばその順番通りに受け流される。しかも竹刀に鍔は付いていない。子供の乱れた刃筋の小手打ちが流れても相手の小手、身体に竹刀があたることはけっしてない。それくらいだから、祖父は素面素小手で、にこにこしながら孫の相手を楽しんでいた。「そんなこっちゃあたらん」と、くりかえす言葉と笑顔が耳に残り、脳裏に焼き付いている。そのときの祖父は小太刀の袋竹刀であった。後に、弟子の中学生が、晩年の祖父の素面素小手に袋竹刀という姿を、はじめて眼にしたとき、自分の竹刀が当たったら危ないのではと危惧したが、稽古が始まればそんな気持も雲散霧消、次第に夢中になって攻め込んだが、ひと太刀も祖父に触れることはなかった。この当時、大人で剣道二段というひとが稽古に来ていたが、わたくしが元に立っているときは休んでいて、彼ばかりをつかまえて稽古をしていた。そのくらいだから中学生とは言え、高速連打はお手の物だ。しかし、ただ速いだけでは祖父には通じない。やはり、同じように笑顔であしらわれていた。

もし、曾祖父のような人にわたくしが就いて稽古をしてみても、到底祖父のようにはなれぬ世界のこと諦めていた。防具を着けていないつもりになって、小さい子供と稽古をしてさえ、予測不能な細かく素早い竹刀を、すべて受け流すことなど不可能だった。しかし、祖父のそんな伎倆はたしかに豊富な竹刀稽古の量にも支えられていたのだろうが、その大半は型によって培われたものだ。型の重要性がより深く理解された今となっては、稽古の大半は型を正しく知るということに全力を尽くすのみである、という祖父の言葉はわたくしにとって金科玉条となっている。

そんなことから次第に防具を着ける時間も減っていった。防具を着けて打ち合い、一喜一憂している暇などない。型以外に時間を割かれることに苦痛を感じるようになった。

古人の跡を求むるにあらず、古人の求むるところを求むるのみ、と御大師様も言い残しておられるとおり、曾祖父や祖父のできたことややったことなどを真似するつもりはまったくないし、真似する必要もない。それらの事柄は、いまわたくしに伝えられたこの型の修行によって個人の到達点として、あるいは愉しみとしてできるようになったことだ。そういう意味では、古の名人達人伝説などはなんの修行のたしにもならない。それより流儀の型や術理について言い残してくれたもののほうがよほどありがたい。同じ人間が何をどのように学んだのかを知りたい。そんな長年の欲求から生まれた、理論としての武術を学ぶという方便は、わたくし独自の見解である。

未熟な修行過程において、われ武術家たることを人前で言うべからず、永く世相に準ずべし、悪意を含む手合いを固く禁ずべし、など各流派に道場訓と称するものが伝えられている。いずれも暗い夜道を避け、遠回りをしても明るい道を選べと、それも女性子供ではなく武術修行者に諭している。合わせて、生兵法は大けがの元とも重ねて諭している。若いうちは反撥すら覚える教えかも知れない。しかし、そこに武術の本質があり、それを理解する者のみが次元を越えることができるのだ。無事に武術修行の完遂をすることの難しさを早期に理解すべきである。

剣術編

第二章　剣術における無足の法

▼半身　▼半身という難しさ
▼入身　▼半身、沈身そして浮身
▼体捌き　▼身体の捻じれ
▼素振り三年　▼講習会
▼甘い稽古　▼遅速不二
▼太刀術礼式

半身

前述のごとく、物心ついたときには大人と稽古をしていたが、それも強制されぬままに、いつとはなしに、さぼりながらのなまくら稽古となった。家伝の稽古と一般剣道との明確な差異を解しないまま中学から剣道部に所属していた。竹刀捌きがそれなりに速かったせいか、先輩からもほとんど構えなどに関しては何も言われなかった。しかし、高校の剣道部ではじめて一般剣道の構えに矯正された。あとで聞いたことだが先輩たちは、両肘をつっぱり膝の曲がったままで走り抜けるわたくしの打突の動作を奇妙なものと感じていたそうだ。一から構えを直され、体を正面に向けることと切っ先を下げることに非常な違和感をおぼえた。直されて初めて、半身になじんでいた身体に気がついた。やがて、大学に進学すると同時にふたたび家伝の稽古にもどったとき、腰が正面を向いている身体に愕然とした。こんどは半身にもどすのにしばらく苦労した。

型に戻れば、極端な半身を要求される。わたくしの身体は、本来の稽古に眼が向けられてようやく正しい半身というものを知ることになった。徹底的な半身をとったつもりでも、まったく真の姿を表すことはなかった。昔から侍たちが正しいとして伝えてきた構えである。そんなに簡単に誰でもできるわけはない。なぜ、半身を基本の構えとし、その稽古に命をかけたのか。それは、なぜなのか。

ものごとには基本があり、その基本が大事とされる。それは、剣術においては基本の理論が極意の理論そのものだからである。前章で述べたように、身体を最大限に駆使することにより、その空間と身体あるいは身体と武器との関係において最小の動きが生まれる。最大に動いているから最大の力が生まれ、しかもその一定の空間において最小の動きとなっているから最短で最速の動きが生まれる。これは極意である。だからこそ基本からこの理論を学び続けなければならないのだ。

このような希にみる運動理論を、われわれの祖先たちは剣の基礎理論とし、そこから魔の太刀と恐れられるほどの身体運用法を導きだした。だからこそ、そこに付随する細やかで精妙な身体、手足の操作が必要となるのだ。それが素振りであり、廻剣の操法である。

太刀そのものの操法が最大ならば、身体から最大の動きを生むためには、半身から半身へと動くことが要求される。そこでは、最速となるための百八十度の変化を学ばなければならないのである。

半身という難しさ

ならない、と言われても最速を生む百八十度の変化は容易なことではない。稽古をしてみて、そこまで体が働かないことが痛感される。「百八十度の回転」ならば、はじめから誰にでも可能だ。その回転を直線に直さなければならないのである。

たしかに身体を俯瞰すれば、半身から半身へと半回転するのだから、両肩の回転運動となるのはいたしかたない……、というのは、働きを持たぬ身体の言い訳である。そんな難問が出発点となって、術技的身体を育んでいかなければならないのだ。すでに前著をご覧の方はご承知のように、順体、浮身、無足の法という術理も合わせて同時並行的に身体を制御しなければならないのである。それらが薄紙を重ねるように身に備わって、ようやく振武舘の正中線が前武術的身体のなかに浮かんでくる。稽古によってしか生まれない見えざる正中線、この未だないものを、あるがごとく意識して身体を制御していくことになるのである。

いまだ働きを持たぬ身体が半身から半身へと転身しても、動かぬ部分を多くかかえた身体は半回転するしかない。そこを部分制御しながら、それぞれ身体の各部分が協調して働くようになって、はじめてひと調子の稽古を目指すことになる。身体が外へも内からも直線の動きに支えられてようやく半回転から抜け出すことができるのだ。しかし、たとえ壁を補助にして背中をつけ、構えてみても完璧な半身の構えなど容易にとれるものではない。ただ横を向いた身体を半身とは言わない。半身の構えというがごとく、相手に対して、構えとして正対していなければならない。そこにこの構えの難しさがある。人の身体は物とは異なり、削って細くすることはできない。稽古を積んでその動きの質の鮮鋭度を上げていくしかないのだ。そこにこそ剣に隠れる身体があり、消える身体がある。そこに居ていない身体がある。ここに人として一生をとおして剣の完璧性を求め続ける道があるのだ。

そこまでに半身あるいは型の完璧性を追究するのは、剣術というものが柔術とともに心体（心の錬磨）と剣体（技の錬磨）とを一致させることを目標とするからである。普段の稽古で完璧なる半身を要求されるからこそ、その将来に三位一体の武術的身体が創造されるのである。壁に背を付けても不充分な構えであったものが、やや肩を引いただけで完璧なる半身を表わす。半身から半身へ百八十度の変化をしてもまだ足りないのは、未だ表面的な形骸化された運動の段階だからだ。稽古の場で完璧な変化が行えないのに、それが達成されぬうちに滅多なことで手合わせなど行えるわけがない。たしかに稽古が上が

半身の構え

右上・中級者
左下・筆者

るにしたがい、実際に眼に見える変化の量は少なくなる。身体の動きにより直線で構成される最大の動きが最小の動きを生むから、感覚的にはより小さい動きができるようになり、速くなったと感ずる。そのような心身の働きを得ても生半可なことでは白刃のもとには立てない。

入身

入身肝要の事とは、すでに廻剣理論でみたように、長きを短く、短きを長く、適所に適宜に使いこなすことが重要で、相手からは遠く我からは近いという、彼我の間を制するための術法をいう。

半身に構え、腰構えを固め、前に出ている肩、膝、拇趾を一直線上となるように膝を曲げて腰を落とし、上体を前傾させる。たとえば入身の正眼あるいは水月の構え、八相の構え等である。当初、多くは上体を前屈させるとどうしても腰が後ろへ引けやすい。順体が崩れ、腰構えが崩れる。それがわかっていながら、どうしても直せない。かつてわたくし自身、形にならなくて、鏡を見るたびに落胆し、悔しい思いをしたものだ。祖父の写真を見て、真似のできない形を持つ身体というものがあることを痛切に思い知らされた。体型、骨格、筋肉などの差異ではなく、その身体の有する厖大な武の伎倆そのものによる差である。その蓄積された計り知れぬ伎倆に支えられた身体が構えて、はじめて古人が伝えようとした正しい構えとなるのである。体が動かないうちは、何をどう構えてみても様にはならない。構えを正しく知ることに全力を尽くすということが、とくに初心のうちは重要である。それが武術修行の大半をしめるということを再度、祖父の言葉から銘記しておかなければならない。

半身、沈身そして浮身

柔術が剣術を引き上げると言われているとおり、半身の構えはそれ自体無足の法を必然的に習得する方便となる。左半身の入身の構えから、左の肩先を引かれるようにして、脚力を使わずに体を前倒れにして重心の移動をおこなう。体が前に倒れ、重心が前方へ移動するにしたがい、右足は浮き、自由となる。その繰り返しによって、日常の歩法とは異なる足の移動が可能となる。いま述べたとおり、足で地や床を蹴って身体を移動させるのではない。足に先立って身体そのもの、重心の移動そのものがまっさきに行われなければならない。しかもそれは、腰を折って上体を前に倒して重心を移すのではない。順体法という桎梏が厳然としてそこにある。順体で、なおかつひと調子でなければならないのだ。つまり、これは動きの気配を消すこと以上に、正中線を保ったまま見えざる直線の運歩を修錬することになる。日常の足を使う人には正中線は存在しないのだから、まさに半身の稽古によってそれを身につける糸口を掴むしか方法はないのである。その意味を古人は型に残したのだ。

半身で入身をとれば、腰は自然に落ちる（沈身）。落ちない場合は、腰の折れた前倒れの姿勢であって何ら稽古の価値もない。一般的に腰を落とせば、居つくとされる。それを居つくどころか、その構えから神速を得ようとするものが、武術である。しかも、正しい形を知ること、学ぶことにより心の錬磨も同時に適う。一般的な身体運動から見れば、楽に立った状態のほうが動くには軽便である。それは古今東西の一般人としてのごく常識であるが、術の世界の考え方ではない。

左半身からの無足の法

左半身から無足の法を用いて身体を回転することなしに一八〇度の変化を行う。

往時の武士たちは、もっぱら型稽古のみを錬ったものだ。竹刀剣道などは江戸時代中期からで、盛んになったのは幕末近くなってからである。現代は刀を取っていつなんどきでも戦場へ赴かなければならないという時代ではないのだから、下手に型や生ごなしの理論で縛り付けるより各人の運動能力に任せて自由に太刀を振らせ、足を使わせたほうが即座に戦場の役に立つという言は意味をなさない。そんな今日だからこそ、剣を通して人を学ぶ心の錬磨が重要なのではないか。しかも、それこそが剣の神髄を知る捷径なのである。

　剣の精髄を求めて低い腰を錬ってゆけば、居合術にたどり着く。座構えである。立ってすでに太刀を抜いて構える相手に対して、未だ我が太刀は腰にあり、しかも座っている。その状況を逆転するものが居合術である。浮身と号する型をくり返し学ぶのだ。座っている状態から立ち上がるという動作を消し去ったとき、彼我の状況は逆転する。座構えから学ぶことはいくつもあるが、稽古の方便としては、只《し》管打坐《かんたざ》、ひたすら座るということがすべてである。そこから立ち上がるという日常動作を非日常的な動きに変換するのである。そこには立つという動作はない。

　祖父泰治は、居合術は剣術中の精髄である、とまで言っている。それは、剣の術の極みであることを意味する。それぞれが別個の術技として存在しているのではない。抜けば剣術である。抜くまでのあいだに剣術では培うことの出来ない術理があるだけである。すなわち、腰に太刀を佩けば、居合を含めて、そこには剣の術があるのみである。しかも、その剣は、柔の術をも包み込んでいるのである。

居合術

座っている状態から立ち上がる動作を消し去った時、彼我の状況は逆転する。

体捌き

体を捌くということには、体の移動と身体そのものの変化とがある。移動するためには足を使わなければならない。その足捌きに関する具体的な術理術法は無足の法として何度も述べてきたとおりである。すなわち、いま足を使わなければならないと述べたが、その一般的な足を使ってはならないと否定することにより一般人の歩法とはまるで別の移動法が生まれたのである。さらにそこから無足の身体なるものへと昇華しなければならないことも柔術編で述べた。柔術における斬りの体捌きが剣そのものを対象としている以上、剣において求めようとする斬りの体捌きは、柔術において学んだ身体運動そのものでもある。

半身から半身への変化の完璧性における直線の変化を、型のひとつひとつにおいて求めることが、体捌きを学ぶという意味である。その型においては、太刀の扱い、投げや極め等々、各種の動き方を習うことになるが、それらはすべて身体の働きそのものによってなされなければならない。元来の自由勝手不合理に動く我流の動きというものを一旦否定、排除したうえで、動きの理論化を進めなければ術技の獲得はないのである。

身体の捻じれ

日常動作において、身体のねじれはごく一般的である。それが武術においては、完全に否定される。より速く、大きく、強く、そして見えぬほど小さく鋭い動きを、ひとつの動きで表現するための最大最小理論が剣術、柔術を問わず共通の基礎理論であった。刃筋を通すということは、その理論にしたがって、いっさいの捻れ、曲がり、凹凸を切り捨てるということである。

この捻じれに関しても、上手下手、大小がある。型を基準として、その動きの精密度をあげ、ねじれの排除を目指すしかない。武術で要求される体捌きは、一般的な動作とは大きく異なる。そのため、たとえばわずか三動作の型ですら、見て取れないことがある。見た直後にもかかわらず、動きの過程が頭

身体の捻じれ

型を基準とした時の身体の捻じれ。
右上・初心者
右下・中級者
下・上級者

から出てこないため稽古にならないのだ。しかも正確に見て取ろうとすればするほどそれは起こりやすい。

かくのごとく、体捌きにおける捻じれの排除は、術技の獲得を意味する。体をひねらないと言葉で言うのは簡単だが、行うことは至難の業である。

素振り三年

かつて富山の旧道場では入門を許されると素振りだけに三年をかけさせられた。誰にでも入門は許されるが、その後、型に進めるか否かの判定に三年を要したのだ。三年を経ても師から許しが出なければ、自ら道場を去らねばならなかった。それでも振武舘を志す者は、他で一定の修行をしたのち再度入門を乞うという形を取る者もいたようである。

素振りに三年も、と思うかも知れないが、この素振りこそ極意に直結した廻剣理論そのものなのだ。そこでは元来自身にはない別の筋肉運動が要求されている。この別次元の身体操作が体になじむまで、あるいは理解できるまでに、およそこの三年という時間が必要だったのだ。

現在でも中国などでは、同様の年数をかけるそうだ。師が良しとしなければそれが七年にも十年にもなるとか。何年でも居させてもらえるだけでもありがたいことだ。基本やわずかな動作だけにそれだけの時間をかけるのだ。本当のものを伝えようとすれば、そうならざるを得ない。駄目な動きのまま何をどう動いてみても技など生まれない。形骸化した型を何十本、何百本知っていても武術的にはまったく無意味である。

講習会

　今日では行なっていないことだが、過去に講習会を通じて入門してきた方は、たった一日の稽古で素振りから剣柔種々の型を合わせて十本などということを経験している。数回の講習会を経た方では、うろ覚えながら表の太刀六本を終えてしまっているということもあった。当初は、型を通しての武術的啓蒙ということしか考えていなかったので、とにかく型の素晴らしさ、その高度な難しさを、少しでも理解していただけたらと願って夢中で行なってきたことだった。難しいものを現代の言葉で分かりやすく説明することはできても、難しさそのものをやさしくすることはできない。いや、だれもさほど難しいなどとは思ってもいなかったであろう型の世界を、それがいかに厖大なる難しさを持つ伝統文化であるのかをより明確にすることはできたようだ。そんな武術の観点から、手の上げ下げも歩くことすらも、何ひとつできない自分自身を再発見、理解してもらいたかったのである。

　だが、そんな中から新たな入門者を得て、反省を強いられた。講習も何も受けずにはじめから入門してきた方々は、丁寧にじっくりと段階をおって、稽古を積んでいる。そこへまだ本質的なことは何もわからぬと言ってもよいような方々がすでに太刀の型を六本も知っているという格差、不具合がおこった。同じように難しいという言葉は口にするものの、わずか一日や数回の稽古で実感したものと、稽古の日数を重ねたそれとは大いに異なる。稽古を積めばつんだだけ理解は深まり、難しさの次元も当然より深いものとなる。

講習会、書籍、映像資料等すでに幾種類も発表済みである。我流で先走った稽古をしようと思えば、いくらでも可能だろう。それは個人の楽しみとしてならば、許される。だが、それらはあくまでも実地の稽古を補う参考資料にしかならない。消えて見えない動きを我流で学ぶことの無意味さを自覚できるのも直伝、手直しの稽古による。

甘い稽古

現在では、一通り左右素振りができると型の一本目にはいる。素振りの絶対量を増やす努力は各人に任せてある。だが、どうしても稽古に参加したときしか稽古の時間が取れないという方たちもいる。朝夕のごくわずかな回数、時間でいいのだ。ところが、なかなかできないのも人間だ。しかし、型の世界はそこで待っていてくれる。たとえ期間が空いても、それでかまわない。一般の運動とは異なり、やっただけが総量となって積み重なっていくのだ。

刃筋を通すというが、剣道の素振りと異なり、太刀を左右に回旋させるため、どうしても振り下ろしの際に刃筋が乱れやすい。たしかに真っ直ぐに太刀を振れないうちに型稽古に入ってみたところで何にもならない。だが、それを弁《わきま》えた上でゆるゆると素振りと並行して型に入ろうというのだ。わたくし自身毎日などとても稽古ができないでいる。模範を示せずに、自分でやってもいないことは、とても要求できない。素振りを毎日やるかやらないかは個人の問題として、お任せしよう。入門したからには、など気負いすぎると長くは続かないことになる。

わたくしは弱い質なので苦しいのはいやだ。稽古は楽しくやりたい。とくにこの歳になると、武術、武道経験をまったく持たない同年代あるいはその上の年代の方たちが理論を勉強したいと言って入門する気持もよくわかる。その言葉の裏には、けっして苦しい稽古も厭いません、という気持は含まれていないはずだ。というのも、だいたい決まって、もうこの歳ですから、とか歳が歳ですからとか種々の枕詞が先の言葉の頭に付いてくるからだ。

それはたしかにそうである。最近は〝スポーツをすると寿命が縮まる〟などという学説も出てきたくらいだ。本人の趣味嗜好は別として、激しく息を切らせての運動は中高年ならずとも身体に悪影響を及ぼす。四十代にもなると健康のことが気になり出す。いい汗をかくと言うが、我々にとってはそのかき方が問題だ。いまさらわざわざ苦しい思いまでして寿命を縮めたいとは思わない。甘い稽古と言わば言え。人は人、自分は自分と割り切ってしまえるのが個人主義の良いところだ。さらにここへ来て、スロー何々というゆっくりと静かに行う中高年向けの運動法が流行りだした。非常に高度で限りなく難しく、果てしない武の世界を追究しようとするのだから、にがく苦しく辛いよりは、身体の動き具合や理論の確認などを行いつつ、楽しく興味を持ってその長い道を歩めるほうが精神的にもおおどかである。

もともと型というものは、ひとりで稽古をするものだ。人それぞれで、各人の中庸の速さというものは千差万別である。自分にとっての中庸の速さは、人によっては遅すぎたり、速すぎたりもする。運動や体育ではない。号令によって全員がそろって一律に動くことなど型の世界では考えられないことだ。他人の速さでは、自分にとってもっとも大事な部分を稽古することができない。道場における稽古の緩急遅速は、それこそ無限に存在する。

遅速不二

しかし、この物理的な意味での緩急遅速というものは、稽古の本質においては、その差異はまったくない。ここでは合理合法な、理論的な動き方を学んでいるのである。各人が各様の速さで学んでいるものは、超高速の身体運動そのものなのだ。高齢者がゆっくりと動いても、それはけっして遅い動きなどではない。若者を凌駕することのできる高速の間を保持した動き方なのである。型が緻密になればなるほど、それは顕著となる。体力や素質まかせの粗雑な稽古の延長上には存在しないものである。古人も、はじめは極めて静かに稽古をしなければ術技を得ることはないと伝えている。これは年齢には関係なく必須欠くべからざる稽古法なのである。しかも、ゆっくりと丁寧に稽古をする必然性は、すでに何度か述べたとおり、ひとの身体というものは意のごとく動いてはくれず、術技になじみがたいものだからなのだ。祖父がわたくしを叱咤したように、駄目なものをいくら速くしても駄目だ、という言葉が稽古の方向を示している。それは、逆に駄目な稽古のまま、いくら静かに行っても同じことを意味する。静かで正しい稽古というものは、それ自体が難しく困難を極める。それゆえに正しい方向付けをずらすことなく神経を集中して稽古を重ねるのである。静かで正しい稽古は、すでに上の位の稽古法を表している。

太刀術礼式

太刀術礼式

太刀の礼式は、稽古の初めと終わりに必ず行うべき作法であって、これによって体構え、心構え、腰構え等の基本を固めるものである。以下、礼式についての作法である。

太刀の組み方は、受太刀を下にし、仕太刀（取）をその上にそれぞれの切っ先からやや下部を重ね、刃は各々左を向ける。

双方向かい合い、立ち礼を施し、小さく五歩あゆみ寄り、各自の太刀の柄の右横に、その右足を踏み置く。双方、眼を離さず静かに左膝を着く。次いで右膝を着く。すべて相手と同調同時に行う。

座礼では、左、右と油断無く手を着き、眼を離さずに礼をなし、上体を起こし元にもどる。

右膝を立て右足を鍔脇付近に踏み出す時、左手を柄頭に添え、次いで油断無く右手を鍔元に添える。そして、決して相手の刃先から太刀を離すことなく終始相手の眼に注意し、徐々に立ち上がる。太刀先は下に付けたまま、立ち上がるに従い、切っ先が浮きあがる。そして、立ち上がり終わる時、水平となる。手首を右に返したままの刃は、終始相手の右を向けたままである。これは、こちらに攻撃の意思のないことを形で示したものである。そして、引き下がり、双方正眼の構えにもどし、これより型に入るのである。

剣術編

第三章　涎賺

▼斬猫　▼涎賺—その極意性（一）
▼涎賺—その極意性（二）
▼涎賺—その極意性（三）
▼涎賺—その極意性（四）
▼心体　▼先
▼受の魔の太刀　▼引き斬り

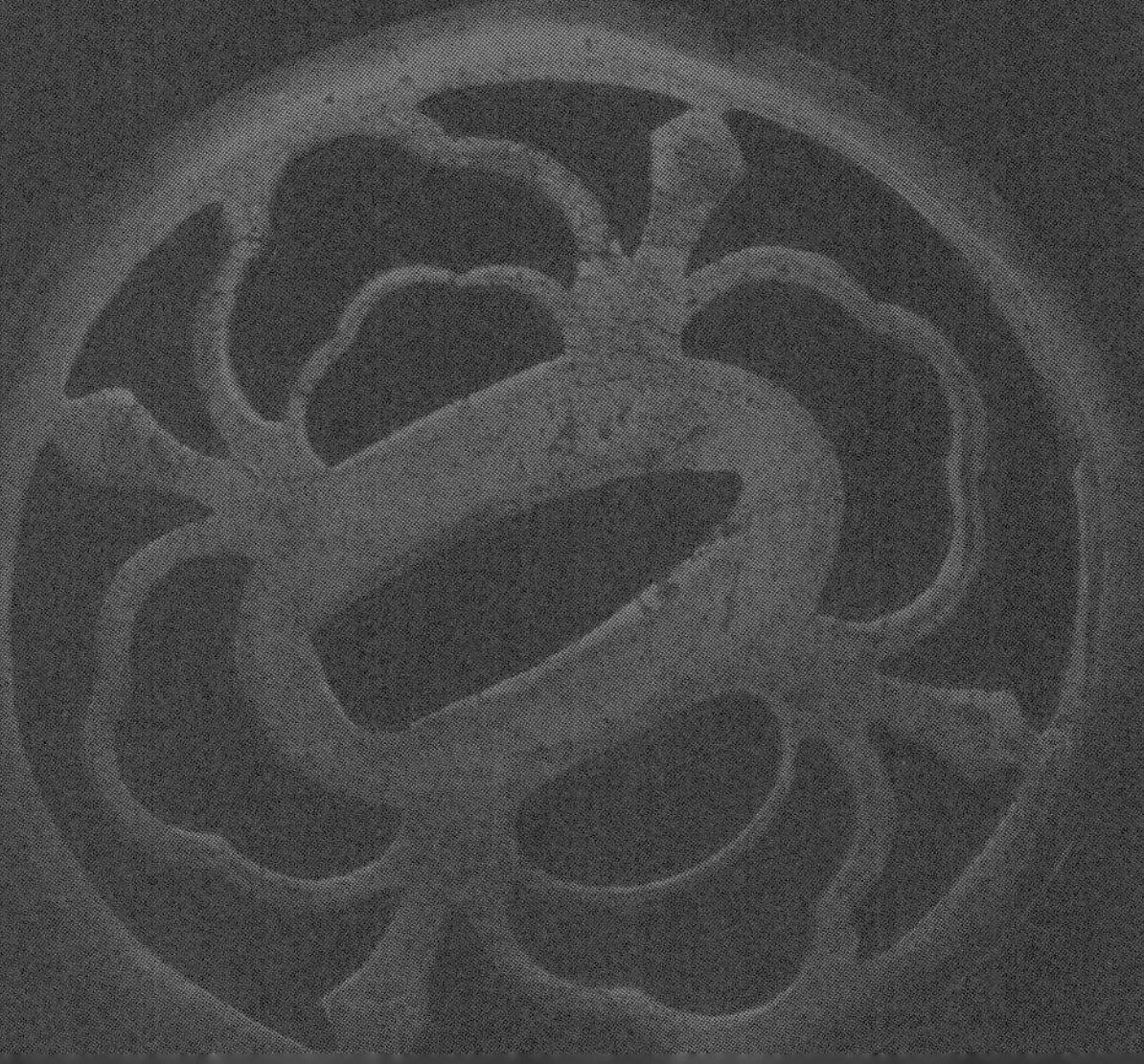

斬猫

往時は腕を試すのに、各流各派いろいろの工夫をしたようだが、その中に「猫が斬れれば免許」というのがある。

富山の振武舘時代のこと。免許を目指す道場住み込みの目録連中が自分たちの腕試しとばかり、ある時大きな野良猫を道場に追い込み、てんでに竹刀を取った。しかし、必死に逃げ回る猫に翻弄され、彼らの竹刀はいっこうに当たらない。そうこうするうちに正郡《まさくに》が外出から戻ってきた。

様子を知った正郡は、無益な殺生をしなければならぬ腹立たしさと共に苦々しげに刀を手にすると、するすると件の猫に近づいた。剣を立てた改心流の正眼に構え、さらに静かに間を詰める。逃げ場を失った猫は眼を怒らせ、歯を剥き、総毛を逆立てる。と、正郡は腰を落とした。その一瞬を待っていたかのように、いや、吸い込まれて猫は正郡の頭上を飛び越した。その直後、猫は床へぱたりと落ちたまま息絶えた。正郡の剣先が飛び越える猫の喉から腹部を引き斬りにしていたのである。

剣は、打ち、突くことのみではない。

涎賺（よだれすかし）──その極意性（一）

流祖の駒川太郎左衛門国吉《こまがわたろうざえもんくによし》が、その修行中のある時、狼の群れに襲われたことをきっかけに編み出した一手が、この涎賺である。

飢えた群狼に向かい太刀を振り回していたのでは須臾にしてその餌食となってしまう。と、瞬時に悟った国吉は、今までの剣という概念を捨てた。六尺を越すと伝えられる男が新陰流の定法どおり腰を低く構えた。次々と矢継ぎ早に襲いかかる狼に対して、転瞬の間に体を換え、さらに腰を低く伸べ、すべて喉を引き斬りに掻き切ったのである。

正郡の使った技が、まさにこの涎賺の一手であった。後に改心と号した流祖が、その心を忘れぬために、極意の一手でありながら、この太刀筋を表の太刀の第一本目においたのである。もっとも大事なことを最初に教えられながら、目録たちは剣を振り回していた。剣を捨てるという大事がまったく身に染みていなかったのだ。これでは免許などほど遠い。剣によって物を斬る、突くなどということに執着するのは、その執着を断ち切るための方便である。修行の度が浅ければ大事を実践することも叶わず極意の型も形骸と化す。

この涎賺という名称は、幼児がいままさに流れ落ちようとする涎を無心にぬぐい去る仕草からつけられたものだ。そのような無心の動きを型で示しているとはいえ、その型をただ漫然と行っているだけでは、とてもそんな位には到達できない。それゆえの極意である。

涎賺──その極意性（二）

そもそもこの型の前半部分は、国吉の師である上泉伊勢守の新陰流の伝からなる。取は、左半身、沈

身で腰を落とし太刀を水月の構えとする。相手から太刀が隠れるように、右片手で我が体構えの後方に位置せしめるのである。そして、機を見て双方間合いを詰め寄る。

次いで取は受を留め、また誘うため目付をなす。そして、次の変化に、太刀を振り回さずに回旋させる技法、すなわち輪の太刀から魔の太刀と畏怖された術技が潜んでいる。涎賺の引き斬りの極意手法に持ち込むまでに、この第一の極意的手法を充分に錬らなければならない。だが、ならないと言われてもどうにもならないものだ。型の手順を教えられ、そのとおりに動いたつもりでも、少しも型には動けていないものだ。普通の人間が動いたその動きでは、ただの形骸なのだ。それを少しでも早く自覚しなければならない。

剣術は、柔術と同様に心体と剣体とを一致させる事を学ぶものだ。そうは言うが、心の錬磨などと簡単に言ってもらっては困る、とわたくしもかつては苦々しい思いをしたものだ。足腰の筋肉が硬直し痛くなるほどやってみても、ただそれだけのことだ。そんなことで実戦の場で太刀を振るえるなど思いもよらぬ。それはまだまだ鍛錬が足らないのだと言われれば、たしかに肉体を酷使する伝統的な稽古法というものがある以上、それに対してひとことも抗弁できない。しかし、それだけで魔の太刀と畏怖されるほどの太刀筋、体捌きが生まれるのだろうかという疑念を晴らすことはできない。ことに私の耳には、祖父の駄目なものをいくら速くしても駄目だという言葉が焼き付いている。わたくしには、あらゆる自分の動きは駄目なのだという前提がある。たしかに、それは認めざるを得ない厳然たる事実なのだ。何もできない。それが出発点のわたくしが、ひとつずつ理論を身につける事の出来る過程こそが型の世界だった。運動能力も素質もなにも関係ない。そんな世界が家伝の型であった。

素振りの手捌きに関する微細な変化は、たしかにそれ自体重要な術技であるが、それを支える身体そのものの変化の連関性にこそ、よりその重要性がある。手足を使うものは身体そのものでなければならない。中心の変化に手足末葉が従う。それが最速の原則である。

目付のあと、輪の太刀への変化の第一動作、じつはひと調子の変化の頭であるが、その見えざる手首の変化、すなわち体の変化による動きが受を崩す。受を引き込み、受に手を出させる引き金となる。すなわち素振りの正確さこそが、この一点を制することになる。これは稽古を充分にしたものにしか理解できない世界だ。相手に手を出させて勝機を得るという武術の定理は、型においてこそ明確に証明される。

そして、受け流しは相手の太刀の斬撃を受けるための受けではなく、こちらの斬撃そのものでしかない。その形の精密度は各自の段階による。そして、受け流しと同時の打ち込みは、消える打ち込みとなる。

素振りを振り返れば当たり前のことだ。受けてから打つのではない。ひと調子の円転操作が素振りの本旨である。その円転も一般的な円転操作ではない。すべて身体の直線の動きに支えられた円運動である。

受け流す動作そのものが打ち込みの動作となるゆえ、相手は斬ると同時に自分が斬られるという次元に陥ることになる。それゆえの魔の太刀なのである。

涎賺——その極意性（三）

輪の太刀の手捌きについてはすでに述べたので、その項を参照していただきたい。左の廻剣素振りの第一動作の重要性について、なかなかおいそれとは身体が理解できないものだ。その手捌きを、体捌きによって行うところにさらなる難事がある。体で手を捌くという感覚が必要である。

輪の太刀に、直線に受け流しに入ることが攻防の第一動作である。右半身から左ひと足踏み込み、左半身へと変わる。この受け流しに古人は命をかけたのだ。はじめは受の太刀を、取の左肩の太刀できちんと流し落とす。稽古が上がるにしたがい当たらなくなる。

次いで、斬撃を受け流され体勢の崩れた受の真っ向を、右ひと足踏み込んで打つ。この攻防に際し、取は、ひと足ごとに半身一文字腰となる。前後の攻防ゆえ、一文字の腰構えであれば、後ろ足は撞木でもよい。

受がひと足踏み込んで真っ向を打ち、取は同じくひと足を出て受け流し、そのまま受の真っ向を打ち込む。その斬撃に対して受は、即座に右足を引いて左半身となり、頭上にてその太刀を受ける。

この時、取が初心のうちは、受け流しが不充分、危険な形の場合が多く見受けられるので、受は、取の受け流しの形を見て、安全を確認し、あるいは矯正した上で、打ち込まなければならない。その上で取の打ち込みを受け流す。このような段階の稽古のまま、それを動能力にまかせて、ただ早くしたところで、それは華法剣法以外の何ものでもないことは言うまでもない。

ここで学ぶべき大事は、その極意性にこそ存在する。我が身体の理論化に向けて丁寧に稽古をするしかない。まずは技巧そのものの修得に全力を尽くすことだ。

取の受け流しの態勢は、このとき左半身、次いで打ち込む時は右半身沈身である。一般的に正面に打ち込む場合、太刀を振り込むことになる。しかし、半身からの斬撃は刃筋も狂いやすく正しい打ち込みは期待できない。だが、ここではその斬撃のための両腕の上下運動を徹底的に排除することにより刃筋を正している。半身から半身への変化の際、太刀の通り道は、取の左から右へ両肩をとおる前額面上を直線に渡るだけである。左手は柄頭へ移動するだけで、両腕の振り込む動作はない。そのため受の眼には、斬撃動作そのものは写らず、いきなり太刀が現れることになる。これは最大最小理論によっておこる動きの部分消失である。受の頭上めがけて太刀を短絡的に、半円を描いて振り下ろす動作を排除することにより、消える斬撃が表現される。しかも手は動かさずに、体捌きによる動きのため太刀が最大限の移動、変化をする。廻剣、輪の太刀とは言い条、実際の攻防のなかでは、すべて直線の動きに支配されている。

廻剣理論により、太刀を廻さないことで太刀がいっけん回っているかのように廻り、その直線性により、実際の打ち込みは円でありながら直線に見え、しかもその動きは相手には見えない。真の直線とその直線に支えられた真の円は見えないものとなる。つまり、この事から眼に見える直線や円は本当の円や直線ではないと言える。稽古の場では、無いものは見えないが、欠落した部分としてよく見えるものである。

涎賺—その極意性（四）

次は、足捌きそのものに関しての極意性を見てみよう。基本素振りや型によって何を学ぶべきかが理解できた以上、はじめは初伝として受け流しから打ち込みまでをきちんと二つの足を使う。体構えからつぎの体構えへとその変化の途中を崩すことなく正確に形をつくるのである。

そして次第に無足の法により、ふたつが一つとなり、またふた足となる。このふた足は、本来は非日常化された武術的日常の足であって、それが武術的に高度なものであることを知らせない。

末のことはさておき、まずここでは無足の法のひと調子の足捌きを目指さなければならない。受のひと動作ひと足の斬撃時に、すでにこちらも次の斬撃を打ち出すことにより、受に受ける間を与えない。そこに魔の太刀と呼ばれる所以を見いだすことができる。

左足を踏み込むとき、その足が地に着く寸前に体を入れ替える。跳躍によらず両足を入れ替えるのである。半身から半身への体捌きに準じて足が入れ替わるのだ。体が変われば足が変わり、太刀は消えたまま打たずに打つことができる。太刀を消し、体を消す。それを支える足も消える。

これは楷書としての表の稽古の正しい積み重ねの上にできるようになるべきものだ。似て非なるまねごとを行えば見世物芸にしかならない。正しい動き、正しい稽古の積み重ね、そこから非日常的な動きの日常化が可能となるのだ。

心体

剣体、すなわち術技の錬磨に関しては前述のとおりである。つぎに心体すなわち心の錬磨、働きについて型を見てみたい。

攻防における消える斬撃に入る前の段階である。間を詰め、取は目付をし、受の動静をうかがう。受も打つとわかるような動きの気配は見せない。右ひと足を踏み込んでの真っ向斬りを瞬時に行いたいの

駒川改心流剣術「涎賺」

型の動きの中で瞬時に正しく心身が変化することを学ぶ。

で、その間合いから上体をごく静かに、そして、わずかに入身に変化させる。わかるほどに行うと左小手を取に狙われるので攻撃のための防御にも注意をはらう必要がある。

型では、取は受の斬撃を左肩上で受け流すことになっているが、受に充分に間を読まれ安易に打ちを出さない状況から、こちらの虚実をはかった上で打ち込まれれば、取は受けに窮することとなる。取が利を得るという型の形にうまく納めることは至難の業となり、ここが型稽古の妙味となる。間に合わなければ太刀をそのまま擦り上げて防御する不利となり、それで終わりである。往時の手合わせとはそうしたもので、攻め込まれたという一点で勝敗がついたのである。

稽古の上達とともに相手の心の動静が察知できるようになる。そこで受の心に応じて、先を取って、受に先に手を出させるのである。そうなれば、受は崩されて打ちを出すため太刀は死んでいる。その受の虚を生み出す変化が輪の太刀の第一動作と体捌きである。

先

心が読める、察知できたというだけで、身体が遅れたのでは技にはならない。受に斬り込ませ、その斬撃を呼び込んで受け流し、態勢を崩させるだけの術技を型で錬るのである。かつて祖父は相手の隙が見えたと思った時は、自分の太刀がそこへ入っていた、と言っていた。隙と見て、同時に自分の意思で打つ。これをくり返すのだ。自身の体が心に遅れるということを痛切に感ずるところである。

この先というものについて種々の分類がある。しかし、そんなものはないと言っている流派もある。

たしかにそうだろう。後の先、先々の先等々説明がなされるが、それは相関関係において動いた結果の分類である。そんな観点からは先など何もないということになる。相手に応じるのみということであろう。動く以前に成立している結果でもある。双方がひと調子の位の腕前ならば、もし動けば対の先となる。相手がわずかに遅ければ先々の先となり、遅ければ後の先を取ることとなる。つまり、それらはいつでも先であり、相手の思念の気配の動くところ、心の深いところの動静を察知した時点で発動される動きなのだ。

しかし、次の段階では当然、思念の気配も消されてくる。簡単に無念無想などと言ってもらっては困るが、そういう心身の働きのあることは他の分野でも取りざたされることだ。

相手の心の気配が読めるようになると、動きそのもののひと調子性とその動きと心とのひと調子性が重要な課題となってくる。動きそのもののひと調子性は理論的な型の追究によってなされる。斬るぞと思ってから動いてもその動き自体は消えて見えない。しかし、どれほど速かろうとひと調子に動けようと、それではまだまだ不充分だ。打つの「う」のとき、斬るの「き」のときには同時に動作を完了したいのだ。当初は、打つ、斬る、のその頭の時点で同時に動きを発動することがまず目標となる。

そして、次第に打とう斬ろうとする気配すら消すのである。気配もなく、動きも見えない攻撃をどう防ぎ、どう打ち砕くのか。巷間眼にすることのできる古伝の教えに眼を向ければ、それが稽古というものので、別段どうということもないようにすら感ずる。しかし、それらを教えている古人の稽古の位を知らなければならない。どういう相手が来てもそれに対して、どのようにでも対処しうるところまで到達している高い武術的見地で述べているのだ。その高所へどうしたら我々も行けるのかがもっとも知りたいところなのである。融通無碍の師弟問答をいくら読んでも埒があかない。そこに異なる身体という大いなる差がある以上、その身体的差異を埋めないかぎり答の実践はかなわない。攻撃してもただ斬られ、待っていてもただ斬られるばかりである。相手が思念の気配を起こせばそれをもらう。じっと見ていてこちらのひずむのを待っているようだったら先に力を抜いて沈み、相手を浮かし、崩す。それも正しい動き、正しい型が相手の虚実動静に関わらず、いつでも相手を崩すことを可能とする。

受の魔の太刀

太刀型の攻防を見たとおり、相手が斬ってきたから輪の太刀に受け流した、などという単純な構造ではなかった。そもそも受が機を見て太刀を振り下ろすならば、その機を捉えて廻剣で入身に左肩に太刀を変化させて打ち太刀を受け流すなどということは現実離れした技である。

そこで先に述べたように、受が斬り込めば、斬り込んだ自分が斬られるという次元において、この取の魔の太刀に対して、受も同じ太刀筋で対抗することになる。

取に、先に虚を取られた受は積極的な斬撃ではなく、その太刀筋は防御に変化をする。受は太刀を振り下ろしつつ上体を前に落とし両腕の振幅を最小にとどめる。そして太刀に頭を寄せるようにして取の太刀を低く受ける。

このようにして、我が身体を襲う見えない太刀筋を受け流すには、体を深く沈めつつ時をかせぐのである。取の太刀筋は、魔の太刀の極意性でみたように、最短の距離を最小の動きで最大の運動量をもって、しかも消えて斬り込まれるのだ。取の受け流しの太刀が斬撃の太刀となるのなら、受としては、斬撃が防御とならなければ攻防の瞬間において、魔の太刀に対抗することはできないのである。

ここで間違ってはならないことは、型を速く使おうとして、型の手順を先回りして攻防をくり返さないことである。このような状況においてこそ、瞬時に正しく心身が応変することを学んでいるのである。

余談になるが、むかし、はじめてこのような稽古にはいったとき、我ながら驚き、感激したことがあった。改心流の八相（後述）に構え、静かに間を詰め、ここぞという機を捉えて瞬時に太刀を斬り結んだ。周囲の弟子たちの、木刀が見えないとか足が消えて見えなかったなどという声をよそに、我々はそのあと何をしたらいいのかまったくわからなくなり、膠着するばかりだった。次の動きが出てこない。まさに頭の中が真っ白という状態であった。どちらが受か取かもわからない。いや、何の型を稽古していたのかさえ、その瞬間は失念してしまった。何度かくり返したが、まったく同じだった。斬り結んだ瞬間、すべてが終わる。その先の手順がなくなってしまったのだ。たかだか型稽古で、こんなことが経験できるとは夢にも思ってみなかった。いや、型という理論だからこそ、こんなことまで経験できるのだ。心身を緊張させて物事に臨み、それでもなお融通無碍に、その身体が心のまま、意のままに対応することができたら、しかも命の懸かった場でそんなことが発揮できたら、名人なのだろう・・・。

さて、その型の変化を続けよう。

かろうじて、頭上で反撃を受け止めた受は、機を見て取を静かに押し込む。これはただ押し込むのではない。力を抜いて取を浮かせ崩すのだ。力を抜いて、という意は浮身、無足を掛けるということである。その崩れの瞬間を捉えて間合いを詰め寄ろうと企むのだが、そこを取は許すことなく反対に間合いをはずしにかかる。そのまま引き下がられては頭上の太刀が恐ろしい。で、またまた反対に取に先を取られることになった受は間合いを切られないようにぴったりとついてくる。と、まあ言葉で表せばこんな表現しかできない。しかも、双方の伎倆によっては、このような定型を示すものでもない。

機を見て取は、右ひと足引いて、左半身の入身の正眼に変化する。ここを祖父は当初、受が首を押し斬りにしてくるから柔らかく引いて流すのだと教えた。だが、稽古と共にそうではないことに気がつく。受にすれば、頭上に太刀を受けた状態から強引に押し斬りに出れば、斬る前に自分の頭が反対に押し斬られてしまう。ここにもまた、取の体捌きに受を誘い崩す心身の働きが要求されているのである。眼の前の取の右胸が消えてなくなると、その瞬間、受は前のめりに崩れる。これが型としてのもっとも期待すべき崩しである。そこを捉えて取は、まさに涎賺に変化をするのである。またそれは、稽古の度合い、崩れの大小に応じて二本目の型にも変化をすることになる。

引き斬り

遊び稽古として、この当時は時折この涎賺の引き斬りの動きを稽古していた。まず脚力を否定するため、受は正座、取は座構えに組む。そして、取は左手で受の胸襟を軽く取る。取は、その構えから受の左頸部または右脇へ軽く手刀を当てるように、脚力で上体を倒し込むのではなく、体を左前に倒し入身にはいる。

手順は、べつだんどうということもない。ここで目的とする動きは、すべてを消すという一点である。

「涎賺」を使った体捌きの練習

柔らかく等速度に、そしてひと調子にはいる。もちろん順体、無足の法、最大最小理論等に従った動きを創らねばならない。受には取の手が見えず、体そのものの移動部分も見えなくなる。ものが動く速さそのものを感じさせない動き、現象だ。初めの構えからいきなり次の体勢へと変化を終える。

これが点の間である。居合術でいう離れの至極に代表される。たしかに太刀の切っ先が鯉口から離れ、相手に到達するまでの間がひとつのもの、時間と空間がなくなると感じられるのと同様に、体の移動にもそれが感じられる。それとともにそういう動きを目の当たりにしたとき、人の眼というものは、弱いもの、いかに惑わされやすいものかということを実感する。

こんな動きが次第にできるようになると、動きを消すことの愉しさが倍加されることも事実だ。この涎賺を、みなに見せ、やってもらうが見えないのだから、その見えない術技を真似ること自体が困難を極める。何度もやってみせ、だれが遣え始めるか、ひとりよろこんでいる。

剣術編

第四章　目附

▼八相の構え

▼剣術に見る柔術的要素

▼見える次元、見えない次元

▼目附

▼抄い斬り

八相の構え

当流では、太刀を脇構え水平の形を八相の構えと称している。この構えは狭隘な場所で利のある構えである。左右があるが、ともに上下に太刀を振るより、この八相に変化させたほうが、より速い太刀筋を可能とする。すなわち輪の太刀の原型ともいうべき変化を蔵している。

受取双方がこの八相の構えで間を詰め寄り、攻防の術技を学ぶものが目附の型である。お互いが体を入れ替えると同時に太刀を振り出し、互いの左前腕を斬り合い、互先を取り合うことから稽古が開始される。

この体の入れ替わりに際しては、身体の理論化という観点から、太刀を振り上げて振り下ろすまで終始、直線に左右の胸が入れ替わるようにしなければならない。しかも両足を揃えた時、体構えは相手にきちんと正対する。そして、右半身へ変化する場合も、身体の回転現象を消すための努力を払わなければならない。

左半身の八相の構えから、相手の左腕を斬り下ろした形を見ればわかるとおり、最初の構えと斬り終わった構えとの比較から、最大最小理論によってその太刀筋は一般の運動とは大きく異なる。つまり、太刀そのものは自身の体に対して右方向へ動き始めることになる。両足を揃えて太刀を振り上げ、正対した状態ではわかりにくいかも知れないが、斬り下ろしはじめると同時に左半身へと転身するため太刀は右腕一直線上にのってくる。

八相の構え

このように太刀は単純に相手に向かって行くのではない。太刀は、彼我の間にあって、このとき最小の動きでありながら、身体の左右の転身という最大限の運動により最大の力と距離を得、しかも相手からは斬撃の形は見えない動きとなっている。

前にも述べたとおり、半身からただ相手に向かって太刀を振り出せば、刃筋は狂う。そのため、身体の内外すべての運動は、直線で構成されなければならない。不用意に相手をつけて生半可な型を行えば、相手の動きにとらわれ惑い、自身の身体の理論化がおろそかになる。どこまでを、「きちんと正しく」と基準するかは個々の段階の問題で難しいが、正しい太刀の操作を行える身体になるまでは、ひとりで自分自身の動きを見つめ続けるしかない。

相手に向かって、単に手足で太刀を打ち込むのではなく、それぞれの型の形を理論に当てはめて体を捌けば、斬るべき相手とは逆方向に太刀を振り出すこともある。それに足捌きが一致してはじめて傍には見えぬ、消える太刀が相手に届くのだ。いま眼前に同じように太刀を打ち込んでくる相手があれば、どうしても太刀を単純に扱ってしまうものだ。相手よりも速い太刀、動きを行うために身体と太刀との関係において、逆方向へ動くなどという感覚は、対敵動作としてはなかなか素直に馴染めるものではない。よくよく心して学ばなければ、術などというものを身につけることはできないものだ。

型を学ぶ眼目の一つは、型の動きをひとつひとつ消していくということにある。

剣術に見る柔術的要素

祖父泰治が、柔術が先行して剣術を引き上げるものだと言っていたことは何度か述べた。稽古も行きづまり、とうに諦めていた稽古もさらに霞の彼方へ姿を消していた頃、柔術の見直しをするきっかけが訪れた。するとどうだ、硬直した海綿が水を得て柔らかさを取り戻すと同時にさらに水分を吸い続けるように、固いわたくしの身体がみるみる変化をし始めた。その当時は、ただ夢中になって柔術三昧の日々を送っていたが、いま思えば、日々変化をし続ける自分の稽古が楽しくて、うれしくてしようがなかったのだろう。

太刀の型では、わかりにくいが、次の段階の実手に入ると、とたんに受にぶつかり、受の太刀を型どおりに制御し、巻き取ることなどできなくなる。そこで何とかしたくて、祖父に往時の稽古の様子を聞けば、目録以上の稽古となると、何だかわからないうちに太刀を取られていたとのことであった。柔らかく持っていようが、固く持っていようが、「何だかわからないうちに」自分の太刀を奪われてしまうのだと言う。そんなことは、とても自分には不可能だと思っていたことが、現実に身近な稽古となってきたのである。本当の実手術という術技が手の届くところに現れたのである。

もともと消える体捌き、消える斬撃などは柔術により、わたくしの体が限りなくほぐれ、今まで考えたこともなかった身体の可能性ということに気づいてから再現された技に他ならない。

柔術にも剣術にも居合術にも、各流各派に、いわゆる真剣白刃取りなる無手で剣を制する技が伝えられている。それらを非現実的な技と思っていたことが、剣の日常のものと実感できるようになった。それも、わたくしにとっては後れてきた柔術のおかげなのである。

今日では振武舘の伝統のとおり、柔術は、剣術を引き上げるためのものとして稽古をしている。

見える次元、見えない次元

あまりに消える動きということに関して、強調しすぎたかもしれない。動きが消える、あるいは消えて見える、または動きが見えないということに関して、理論的な動きとしてすでに説明したことであるが、再度確認をしておきたい。

芸術諸分野と同様に、人の身体にもそこにあるがままの姿に多様性を見いだすことができる。身体そのものが有する働きである。と言っても医学的なものではない。機能的な働き、術技的な働きである。しかし、その動かずにいて働く身体は、修錬した眼に映るのみである。浮身といい、無足の身体といい、そして武術的身体というが、外見的にはみな同じ人間の姿としてしか捉えられない。が、動かずにいて明らかに何かを匂わせる高度な心身の働きを有する身体が現に多方面に存在している。

武術において、理論化された身体が型を演じた時、一般人の動きを大きく短縮した動き方を表す。その短縮された一般にはない部分を消えた動きと呼ぶことは再三述べたとおりである。だが、さらにそのような動きを観る眼が養われると、現にその身体そのものは眼の前に存在しているにも関わらず、まるで、そこに居ていない、としか表現できない身体の在り方をも読み取るようになる。それこそを消える

駒川改心流剣術「目附」

身体と称している。

そんな身体を創りだす型というものは、古来より型そのものとして幾世代にもわたり連綿として伝えられてきたものだ。目新しいことなど何もない。古伝の型を、真摯に見続けてきた結果、そこにそのようなものがありありと見えてきたのだ。ひとが人としてそこに居るだけで、そんなことは観ようとしなければ見ずに済むことだ。同じ型でも稽古の掘り下げ方ひとつで見え方も変わってしまう。祖父に対して三本に二本は取る、と言った古い弟子たちのように、それほどの自信を持って臨んだ勝負稽古にまったく手も足も出なかった敗因を知ることはないだろう。眼前の眼に見えない厖大なる伎倆の差を観ることもできず、斬るべき手だてもないのに勝負とは笑止千万なことではないか。謙虚に型を学び、彼我の伎倆の差を的確に把握することができて、はじめて危険を未然に回避する事も出来るものだ。

今ようやくわたくしもこんなことを言っていられるが、祖父存命の頃は、まことに恥ずかしく情けないかぎりだが、その身体がまったく見えなかった。何で生きているうちにもっとよく見ておかなかったのだろうと思ってもせんないこと。たしかに、祖父の稽古など京都の演武でしか見ることができなかったので、祖父が居合を抜く時は真横から、何度見ても見えぬその離れを見てとろうとしたこともあった。祖父よりわたくしのほうが速いなどと思う眼だから、よく見ている内には見えるものと思っていたのだ。消えて見えないからこそ正しい動きなのだ。真に見なければならないものが分かっていなかったのである。

大宮氷川神社での奉納演武の古い八ミリフィルムの中の祖父は、剣術、柔術、居合術を演武している。そんなことはめったに道場では見られないことだ。祖父の部屋で一緒に何度か見た映像である。しかし、二十歳代のわたくしにとっては、ただの老武術家であった。

祖父がひょいと居合を抜いて、どうだ見えないだろう、と言う。だが、その動きをわたくしは分からず、見えていると思っていた。弟子たちも同様の気持であろうと思うと、内心忸怩たるものがあった。若年のわたくしには見えないほど速い動きを、老人の遅い動きとしか見えていなかった。見えないということが、まったく見えていなかったのだ。それが、柔術によりわたくしは心身ともに変化をし続け、こんにちに至った。祖父の古い写真を見てはじめて大いなる違いに気づいた時の感動は忘れられない。何度か見慣れた、黄ばんだ古い写真を手に、なぜこれが今までは見えなかったのかと愕然とする思いであった。こんなに異なる構え、身体なのに、なぜこの日までは今見ているようには見えなかったのか。未熟だったからだと言われれば、まったくそのとおりだ。その未熟者を仕立ててくれたのが、祖父亡き後の型であった。その型のおかげで、今日この感動を味わうことも出来るのである。

目附

この型における突きができれば、剣道では五段くらいだ、と祖父が言っていた。目附という型における突きは、八相から体を入れ替えて太刀を正眼に振り出した構えからの入身の突きである。左足を踏み込み左半身一文字腰となり、身を沈めるようにして突き込むのである。両腕を前上方へ突き伸ばすのではない。つまり、このような形での突きができれば、五段だなどと言っているのではない。この型の正しい体捌きがきちんとできるようになれば、五段ほどの伎倆と同等であるという意味である。

祖父と十歳違いの兄の正義は、その修業時代には廊下中に天保銭を、高さをまちまちに吊しておき、ふところに箸をいつも用意して、行き交うたびにその銭を突きまくった。ただ当たるうちは、相変わらず吊されたままであった。そして、歩きながら顔も向けずに連続的に突き、その箸先がすべてその中心の穴に入るようになって、ようやく吊した銭を取り払ったのである。祖父は子供ゆえ廊下を通るたびに頭を交わしながら歩かねばならず、ひとかたならず邪魔な思いをしたとのことであった。

型における突きは、半身から半身の順体を原則とした、腕で突かない体捌きによる突き技である。太刀と身体がひとつとなり、太刀が突き込まれるのではなく、身体そのものが太刀と共に入身となる突きである。道場で、手元を上げてはいけない、手先で突く稽古をしてはいけないと注意をしても、それが耳に入っても人の体というものは、注意されたとおりには矯正できないものだ。読んだり聞いたりしたものすべてがすぐにそこで矯正されたなら、名人達人が大量生産される事であろう。

型における攻防の際には半身、一文字腰が原則である。突きに入るとき、初心時に多く見受けられるのは、左足を踏み込んだ直後に右足が変化をすることである。同時でなければならないのだが、ここに柔術でいう無足の法あるいは順体法などが働かなければなかなか型の要求を満たすことはできない。

となると、突く前の小手の斬り合いの体捌きも同様に難しいものとなる。八相からの小手の斬り合いはすでに説明したとおりである。そして、体捌きによる足捌きが調うにしたがい、体の変化と同時に両足も同時に変化をする。ここにおいて、斬りと突きがひとつとなる。この体捌き、太刀捌きは、太刀や小太刀における極意性のひとつとなる。足捌きの手順を見てみれば、三足がひとつになってはじめてこの極意性が表現されるのである。飛び跳ねるのではないことはすでに述べたことだ。足が消えてこその

目附における突き

極意性である。

半身からの身体が廻りながら、前足が出たあと後ろ足が動いてやっと一文字腰となるところから、人はこのような階梯を昇らなければならないのである。

抄い斬り

楷書の稽古として、きちんと体を入れ替わり、太刀を振り出して小手を斬り合う。左足を踏み出し、入身の正眼に変化をして突きを入れる。受は素早く右足を引き、上段に変化をする。その機を取って、取は太刀を右に引きつけ下から受を伺う。受が真っ向を斬り込むところを下からその両腕を抄い斬りに斬るのである。

受に斬らせるように間を操作し、このように受を下から抄い斬りにする技がこの型の特長である。もちろん、撫で斬り、引き斬り、撥ね斬りなど各種の太刀捌きは各流派にあるもので、当流の特長とするにはあたらない。

相手に手を出させ、そこを取るということが武術の定理であると述べた。その術技をここでも学ばなければならない。受が斬ってきたからそれに対処するという形はすでにこちらの遅れを意味する。そこからの状況の逆転は、けっして起こらない。相手をこちらの誘いに陥れることができるからこその勝利なのである。すなわち、体捌きが相手の虚を誘う崩しである。崩された相手に勝利はない。

この型の突きができれば五段であるという意味は、実戦の場での相対的評価である。型においては、

駒川改心流剣術「目附」（抄い斬り）

この突きが受を充分に追い詰め、その瞬間に引き崩し、前のめりにさせて、その打ち込みを誘うことができて型の要求を満たす心身の働きを示すことができたことになるのである。

型として客観的に見える形としては段階によりさまざまである。突きにはいるとき、浮沈があり、このでなくてはならぬという決まり事はどこにもない。型の手順があるのみである。楷書、行書、草書とあるごとく一点一画きちんと学んでいくほかに道はない。したがって、抄い斬りと一言でいうが、相手の斬ってくる角度、体勢、崩れ具合、速さ等により、押し斬るように抄ったり、引き斬りに抄ったり、また当てるように抄ったりなど状況に応じるべきである。しかし、そのような応用を急ぐことなく、まずきちんと抄い斬ることを学ばなければならない。

その原初的な抄い斬りを見てみれば、多くは、太刀を右肩に引きつける動作、および下から斬り上げる太刀筋が連続的に円を描いて丸く見える形となる。これは、理論から外れた動きを証明している。それぞれの動きを消すことが型の目標であると思い定めたほうがよい。動きを消す要因は、とにもかくにも手足ではなく、身体そのものの変化に負うものである。消える動きが相手を崩し、虚を誘うのである。手で刀を振り扱っているうちは、無益であることを肝に銘じるべきである。

剣術編

第五章　足切

▼足切
▼滅私没我―素直なよい子―
▼剣術における浮身
▼身体の術技的普遍化
▼点の間
▼術と道

足切

古来より正眼の構えは、攻防においてもっとも利便性の高い構えとされている。そして、各流各派に太刀構え、腰構えの上下高低の違いはあるにせよ、構えの中でも白眉とされているだけに、もっとも研究と熟練が必要となる。しかしながら、構えという理論であるため各種の構え同様、長短を併せ持つ。すなわち、この正眼の構えは、よく下半身、すなわち脚部を狙われることが多い。そのための研究からその攻防理論が型として伝えられる事になった。改心流剣術では、四本目の「足切」という型である。

この型を、理論的な観点から見てみたい。

順体法というのは、基本の原理原則である。手足を動かすなという掟を守りつつ動くことの難しさを充分に学んだうえ、ようやく型にはいり、最小限の動きをひと調子の間で動くことを学ぶのだ。したがって、ここでは今までの稽古と同様に、足を斬る稽古でありながら自身の身体に対してその両手両腕は直に足を斬りにいっていない。それは、その斬撃を受ける側も同じ理論で直に脚を防御していない。同じでなければ、その足は無くなる。

双方間を詰め寄り、左の小手を斬り合い、互先を取り合う。そして、目附と同様に相手の機を見て慎重に太刀を捌かなければならない。互角の稽古としての稽古となれば、型どおりに受が斬られ役を務めてくれることもない。それを本来の型どおりに受を制することを目指してひと太刀ひと太刀に心魂を傾けるのである。

取は、あくまでも正しく太刀を捌くことによってのみ受の虚を誘い、崩すことが可能となる。その正しい変化、拍子を体得しなければならない。すでに太刀術一本目からその攻防の理を説明してきたとおり、取は、受が足を斬ってきたから、前足を後ろに引き寄せ、我が太刀を、下円を描くようにして脚部を防御する、というものではない。見えぬ攻撃が先ならば受け応ずる機会はほとんど失われる。

ここでも双方対峙した状態からいかにその状況を逆転し、我を有利に導くかが術技の錬磨のしどころである。取について見てみると、合正眼の構えから、受に脚部を打たさんとして不用意に太刀を引き下げれば、そのまま面部に太刀を打ち込まれる。それでは到底その後の受の崩れを引き出すことなどできない。

受を崩すために、取は右半円を描いて太刀を引き下ろすのだが、このとき多くは肘が曲がる。人の手首というものは、大きな動きの中においては、それが吸収されてしまい、ひとつの働きとして功を奏することができないのだ。左右の両腕手首の同調がなければ、受を引き崩す技とはならない。また、順体とはいうが、右足を引き寄せた時、尻が後方へ出やすく、上体にはもっとも禁忌とする捻れも出やすい。いつまで経っても人の体というものは、思うようには動いてくれぬものである。

手にする太刀は順体に応ずる。身体の動きに従って太刀の動きは完結する。手足が相手よりも余計に動いた分遅くなる。点の間で動きが完結するような動きの連続がすなわち見えざる動き、消える動きとなる。極意と呼ばれる身体運用理論は、すべて基本の動きから出発している。初心で習うことは、すべて極意に直結した理論なのである。

駒川改心流剣術「足切」

滅私没我——素直なよい子——

こどもの評価に、素直なよい子という言葉がある。いや、最近のことはわからないので、あったと言うべきか……（あれば幸いである）。いろいろな業種でもその道の達人、名人と言われる方々がそのような伎倆、仕事を身につけるには何が重要かと聞かれ、その返答は一様に、素直さが大事であると答えていた。手先の器用さや頭脳明晰などではなく、時間がかかっても大成する素因は、この素直さ、謙虚さの大事を訴えていた。

何事においても一流の基準というものがある。しかし、その一流の基準とは、眼に見える技術的なことばかりでなく眼に見えない部分にこそ、より重要な価値が含まれているのではないか。どれほど技術的には一流の基準を満たした作品、製品を作り出しても世の中の眼は、ただそれだけでは認めてはくれないものだ。だが、もし現在、それらをそのまま一流と言って許すのなら、今ここでいう一流とは失われつつある超一流の世界をさしている。では、それはどのようなものを言うのか。様々な分野において、逐一例を挙げるまでもないであろう。隔絶した技巧のうえに心の働きの備わったものとでも言えばよいだろうか。心、精神の働きを、身体を通して外に表すことのできるような練り上げた身体がなければ、いくら願ったところで思うような表現は不可能である。

型においては、斬る役である取と斬られ役をする受がある。いくら約束ごと、虚構とは言え、「斬られる」ということに対して嫌悪感を抱く方がないとも限らない。だが、そのような心が存在しているうちは、けっして武術的身体を獲得することなどできない。

剣というものは、自身が死ぬこと、斬られることを学ぶものだ。死ぬこととは一体何なのだ。斬られるとはどういうことなのかを学ぶものなのだ。斬られること、死ぬことを肯定し、なおかつ斬られるために、そこにいるわがままな自身の身体を否定することにより、父母や祖先さらに流祖、先達あるいは未来にも変わることなくそこにあって居続けるひとつの身体、それを共有する自分自身を見いだすことができるのだ。

受と取の双方が型で演じるものは、斬る役、斬られる役ではなく、流祖が残そうとした術そのものである。双方が斬り、斬られてはじめて現れるものである。そこに表現される身体こそが、たったひとつの、見えぬが明確に存在する三位一体の自分自身、貴方自身の身体である。

いや、見えぬと述べたが、そうではない。武術的な身体の存在様式そのものとして、観ることのできるものだ。先ほど謙虚、素直さが大事と述べたが、そんな身体を新たに創り上げることのできる型という世界の身体運用理論には、強情我慢は通用しない。手の上げ下げもままならぬうちに、我流で動き、我流での工夫など笑止千万である。素直な心、眼でなければ何も見えないし、何も得ることはない。たとえ素直であってもだれも当初は何も見えず、何も触れることはできないのだ。

そんなことできるわけがない、と思うことも各人各様で、その範囲、上下はさまざまである。ここにいう「そんなこと」というものを、わたくしは型に限定して追究していきたい。型を修行した人間があんなこと、そんなこともできたという逸話の類は個人の問題である。それらの逸話を残すことを可能にした身体がどのような身体を持っていたのか、どのような型稽古によって、そのようになれたのかが大事である。

剣術における浮身

型における身体には、浮身がほしい。

子供の頃、祖父から冗談に尻が重いと言われたわたくしは、成人してもその鈍重性を感じない日はなかった。脚力に自信のないわたくしは、早く動こうとすればよけいにその重さが増すことを感じていた。そんなわたくしが、自分の動きを意識してみると、いつの間にか首から下がないような感じで動いていることに気がついた。さらに、稽古中にこんなことも起こるようになり、身体の軽さを自覚するようになった。

柔術の稽古中のことである。相手は三歳から十年余稽古に通う女子であった。わたくしも自分の稽古を愉しんでいた頃だった。若いが上級、速い稽古をした。が、彼女はその速さに反応できずに型が滞った。その崩れた彼女の背に、わたくしはひょいと正座をしてしまった。それは一瞬のことで、すぐ脇に降りたのだが、自分でもその背に乗った瞬間、実際の体重よりもずっと軽い感じがした。直後に彼女に聞けば、いや聞くと返事とが同時というかたちで、彼女もその軽さに驚いたとのことであった。まさか飯篠長威斎の逸話のように、笹の葉の上にひょいと座るなどというお話はさておき、わたくしのような者でも実際の体重とは異なる軽さを相手に感じさせることが起こったのだ。

これを、わたくしは居合術でいうところの浮身と同じ次元の身体であると理解した。下から上へ向かう型とはまったく異なり、女子の背中へただ上から下へすとんと、大の大人が乗ってしまうという状況において、そこで身体の軽さを感ずるという感激を味わうことができたのも、ひとえに型のおかげと言うしかない。

居合術における浮身、柔術における無足の法等、それぞれの武術における術語は、どの武術を稽古していても現在の振武舘ではその説明にはそれぞれが交錯している。それは型をどのように学べばよいのかという観点においてである。柔術の稽古で、ただ浮身を意識してみても身体そのものが働きを得ていないうちは、無駄である。それはただの隙にしかならない。

日常的な動作の延長で行いやすい型稽古というものを、そのような術語の力を借りて、まったく別のものと認識するように努めているのである。たとえば、足の入れ替わりを、どのようにして非日常化するのか、ということである。重心を左右の足へ移し替えながらの足の移動は、術につながらない。それを扶けてくれるのが、半身の体構えである。しかしながら、それでもそう簡単に非日常化は起こらないものだ。つまり、半身から半身への変化に、その難しさゆえの奥深さがひそんでいるのである。体捌きに手足が従うと述べたが、まさに体が変化をするからこそ、手足もそれにしたがうのだ。体捌きそのものが正しく行えるようになるためにこそ、型に身体をはめ込むしかないのである。

型の手順に則って片方の足に重心を移すとき、遊び稽古の受をつけたとき、まず多くは動くことができない。跳び上がらずに両足同時に入れ替わるなどというのは、遙か未来のことである。いま学ぶべきは、その受にぶつかることなく、静かに足を順序よくきちんと入れ替わることができるか否かの一点のみである。

「遊び稽古」

無足の法により、右足を左足に寄せる時、左脚部の諸筋の緊張は皆無でなければならない。

また、前足を後ろ足へ引き寄せる時、人はどのように動くのだろうか。誰にでもできる運動で足を引き寄せても、それは武術としては何の意味もない。検証の受がつけば、やはり、その足も動かぬ駄目な足でしかないのだ。いや、それ以前に、型では構えを崩さずに間合いを詰め寄るのだが、どうやれば、そんなことができるのかを深く考えていただきたい。そこからすべてが始まるのである。

一般に人は歩けば隙が生まれる。構えを取っていてさえ、その構えが防御を完璧とするのは遠い未来にしかないということは明確である。

身体の術技的普遍化

勝ち負けにこだわる時期があってもよいが、自己向上のための自己否定という型から修行が始まる以上、修行において、あらゆる勝負そのものに拘泥、執着をしていては、その修行自体が成り立たない。元来、武術というものは、人と争わないことを眼目としている。たとえ稽古の方便とはいえ、稽古そのものが人との争い、戦いを模したものとなってはならないのである。型は実戦の雛型ではない、型は理論である、という考えは、まさに伝統的な型そのものから教えられたものである。

武術においては、武術的身体という基礎的身体であると同時に求むべき究極の術技的身体でもある普遍的身体の獲得こそを専一に修行を進めなければならない。

理論的身体、術技的身体とはいえ、そこで行われていることは、剣術ならば古来の武技である太刀、木刀を打ち振るっての「稽古」そのものである。先祖が残し伝えようとした型を過ちなく次の世代へ伝えようとしたものだ。その型における身体運動の方法論を、現代的な視点から見つめなおしたところ、まさに合理合法な理論としての姿を現したのだ。より合法的に、より科学的にと希求すれば、それは型の完璧性の追究以外のなにものでもない。そんな術としての技を伝えようとすれば、普遍的な身体運用理論というものに極力集中することしかないのである。

実戦的な観点から、剣は速さが至上命題だとするなら、とにかくそこでは人より速く動き、見えざる太刀筋を獲得しなければならない。実動での限界への挑戦という場がないでもない。しかし、ここでいう限界とは単なる体力、素質的なものではないことは論を俟たない。人としてのもっとも速い動き方へのあくなき追究である。かつて地唄舞の竹原はん氏の舞いを見た時、それが超高速の動き方であると感激したわたくしは、その直後、稽古の段階をいきなり越えた感を覚えたことがある。実際の稽古の場で、ゆっくり動いて今までの速い動きより速い動き方が存在することを実感したのである。その動き方ができれば、相手かまわず早動きする必要は全くない。というより、相手の度に応じて過不足なく制覇、制御するには、まさに相手があってはじめてそこに応対が起こるのである。ひとり、わがままな早動きは見世物芸にすぎない。

点の間

いま我々が目指しているのは、この身体の普遍化にほかならない。すなわち、極意的身体運用技法の獲得である。それは先に述べた点の間、という抽象的に表現される世界に存在する動き方である。しかも、それは遅速不二、実際の速さの遅速には無関係な、これまた抽象世界の術技である。さきの足切の型において、受の攻撃は、我が足、次いで頭部を同時の間で襲ってくる。つまり、その攻撃に対しては、取も同次元の体捌きをもって受け応じなければならなかった。その時の足は、後ろへ引くと同時に、前方深く踏み込んでいなければならない。無足の法を考えてみれば良い。日常の速さは問題とならない。一見、ゆっくりと見えていて実は速い動きの方法を身につけた人間が緩急遅速いかようにもその場に応じて見えぬ攻撃をしてくるのである。

祖父泰治は、自著でいかにも古伝の厳しさを思い起こさせる、表の型としての稽古ぶりを説明しているが、当時わたくしには、そこから別次元の身体を創造することの糸口を見いだすことはできなかった。いま改めて、そのような文章を眼にすると、この楷書の稽古が、きちんと鋳型に嵌まりきった形で行えるようになるからこそ、次のような文章につながることが理解できる。

「仕太刀は足を後退させる動作と太刀を擬する動作との二挙動を、受太刀の行う一動作より速く行わなければならないので、それは疾風目にもとまらぬ早業をもって応じなければならない……」

ああ、そういうことであったのか、という感慨は、いまだからこそ心底よりわき上がるものである。それは、型の世界を異化することによって、その本質がようやく別世界のものとして眼前に展開されるのだ。型の異化により明確な理論を掴むことができた。そこから新たな型の認識論も生まれた。それは、いままでの一般的な古伝の武術に対する認識から大きく乖離することとなり、独自の古流武術の世界観を展開することとなった。

とは言え、当然のことながら型そのもの、稽古法そのものは、何ひとつ変わってはいない。絶対に変

点の間

極意的身体運用法の段階における動き方は、まさに点の間にしか存在しない。

えてはならないものとして、型そのものを見つめ続けてきたら、今までとは別の新しい見解が生まれたというにすぎない。

ものを見る眼ひとつで身体が生まれ変わるのだ。「速い動き方」を学べば誰でも速くなれるのだ。我意我慢のままひたすら稽古をくり返した結果そうなったのではない。祖父の言葉、駄目なものを速くしても駄目だというとおり、いくら身体を酷使して稽古をしても、そこには到達すべき処はなかったのだ。剣術、柔術、居合術を個々の、各武種の運動論として稽古をしても無意味である。ひとつの型を、悪しき日常動作のくり返しのまま何万回、いや一生稽古をしようと何も生まれてはこない。型の世界においては、その悪しき自分を否定している型を、素直に受け入れることしか許されていないのである。

術と道

型は、いまだにわたくしの身体をさらなる術技の世界へと導き続けてくれている。この歳（六五）を迎えて、いまだに身体を型に嵌め込めきれずにいるわたくしを発見し、嬉しさと共に、現在、このような次元での稽古を、門弟たちと共に愉しめることを至福の思いでいる。それもいままでの積み重ねがあってこそ、さらに昇ることのできた道である。人の身体というものは、いつまで経ってもいかに不充分な動きしかできないものであるかを痛感させられる。父は良くこう言っていた。「術を学んで、道はそれぞれが悟るものだ」と。然り、道を悟るために、何を修行したら良いのか、という問いに至極明解に答えているではないか。

駒川改心流剣術「足切」

武術から武道へ、つまり人の殺傷技術から本来あるべき人としての姿を求めなければならない。剣で人を磨くのだ、という風潮は古くからあったことだ。まして、昨今は「道」ばやりである。人を殺傷する技術などというものは、当然、その術技から道を学ぶための方便でなければならない。前述した身体の普遍化ということを、ひとつの目標と定めれば、個々に存在してきた剣術、柔術、居合術等々の各武種の特徴、存在意義は何なのだ、という疑問は、三位一体の武術論においては無きに等しい。それぞれ、どれを採ってもみな「型」ではないか。理論ではないか。しかも、みなそれぞれが異なる理論を主張しているのではない。相手を殺傷する形を示してはいても、自分の身体をいかにして、その型が要求するとおりに働かすことが出来るか否か、その一点こそが大事なのである。

わたくしに伝えられた剣というものは、術そのものでありながら、それはすでに道として道場に存在するものだ。そんな祖先伝来の流儀を、駒川改心流剣道などとは言えない。

道を振りまわすほど、わたくしは野暮じゃない……。

剣術編

第六章　実手

▼上位の腰
▼受け流し
▼鈎
▼正郡の実手

上位の腰

　古伝の型は、等し並みに低い腰構えを基本としている。それが実手のような小武器となると、さらに腰を落とすことが要諦となる。

　武士といえども初めはみな素人だ。腰を沈めれば誰でも居つく。居つくことを嫌い、腰を上げ、動きやすい恰好で我流に動けば、そこには術もなければ道もない。元来、敏捷な人間は、その素質により早く動くことができる。そのため自身の限界を技の限界と誤りやすい。加齢と共に衰える、そんな術は存在しない。術の深奥を知る事ができてはじめてそのような日常的な速さ強さの延長上には何もないことを知るのみである。

　古伝の型が要求する低い腰構えを安易に否定すべきではない。その腰構えで動けぬ自分が型により否定されていることに気づかなければならない。まさに、この低い腰構えこそが神速を得るための第一歩なのである。

　祖父泰治は、腰の低さでその人の伎倆をはかった。実際の稽古時における低さは勿論のこと、その稽古を通して得た、形態には現れない本質的な伎倆の深さを持つものを上位と判定した。体型の同じ者がまったく同じ腰の低さに構えたとしても上位の者はより低く落としているものだ。いや、より高めの腰構えですら、下位の者よりずっと低く落としていると看做される。このようなことはどのような分野でも同じであろう。未熟な若者がいくら腰を落としても老人の一見少しばかり腰を落とした構えには及ば

腰の低さ

本質的な腰の低さという基準は、見えないが見えるものとして存在している。

ないものである。

　稽古において、腰を落とす、ということは至上命令である。腰を落とせば落とすほど体が軽くなり、浮くようになる。まるで体重がないかのようにさえ見える。誤解をしないでいただきたい。先に述べた老人の腰の低さがあるように、若者が腰を落とし、下腿部の筋力がついたからそうなったのではない。これはまさに居合術でいう浮身、柔術でいう無足の法が創り上げた別の身体である。実手という武器術をたんなる古武器の一種と捉え、その振り扱い、操法のみに眼がとらわれてしまえば形骸に陥るしかない。実手も太刀も武器の長短の違いはあるが、剣の理論そのもの、その体捌きにまったく異同はない。

　腰を落とすという方法論によって、はじめて自然立ちという姿が遠くに見えてくる。腰を落とせば居つく一般的な身体を出発点として、非日常的な身体のあることを知るのである。理論として、腰を落とせば神速を得るということを知る我々は、型稽古における腰の低さを絶対に崩すわけにはいかない。その稽古の果てに、消える身体としての自然立ちがあり、無構えという境地がある。

受け流し

昔、祖父は素振りを指導する際、太刀の一本目で、受け流しの体勢が正しければ安全に太刀を受け流せる、と強く打ち込み、打たれた者が何でもないことを見せていた。肩の三角筋の上に乗った太刀は、肩を痛めることなく相手の太刀を下方へと流し落とすことを可能にする。だが、それは表の楷書の稽古としてのことである。太刀自体がただ斜めになっていればよいというものではない。受け流しの体勢を作って待っていたのでは、相手の太刀筋がしっかりしてくれれば、充分な安全は確保できない。斬らせてその一点の間で、正しい形で受け流すのでなければならないのである。

今は昔、となるが、楷書の稽古をしていたとき、この祖父のごとく、相手の受け流しの形を確かめた上で、少し強く、いや、きちっと真っ直ぐに太刀を打ち下ろしたところ、斜めに受け流すはずの木刀がボロッと折れてしまったことがあった。しかも、こちらの木刀は細身のものだった。折られた本人は安物の木刀だと言うが、打ち込みと同時に、いつも通りにこちらの太刀は斜め下方へ滑り落ちるものと思っていただけに、打ち込んだわたくし自身も少なからず驚いたものだった。

普通ならば、真っ直ぐに上から振り下ろされた太刀は、斜めに受け流しに構えた太刀により、斜め下方へと滑り落とされるのだろう。それが斬れる太刀筋となれば、そうはならないことも実感されるようになった。

そのような太刀の型を終えたものが迎える世界が実手術なのである。ただ型の形に、受け、留め、巻き取り、などの動作をくり返してみたところで、術など無縁の世界である。相手を崩し、安全を確保し、なおかつこちらを勝利へと導く受け流しは、虚実駆け引きの間に存在する。受が斬り込んできたから受け流しの体勢を取る、ということの不自然さ、不利に関してはすでに輪の太刀、魔の太刀で述べたとお

受け流し

りである。受け流しというものは、正しい体捌き自体が状況の逆転を導くものでなければならない。

ここに小武器としての実手の稽古の眼目がある。武器そのものよりも何よりも身体そのものの変化、体捌きこそが骨子となる。素手で真剣に立ち向かう心構えで相手の間合いに踏み込むのである。と、なると太刀のときよりもその間境を越すということの至難を肌身に感ずることとなる。身体そのものが相手の斬撃の制空域をいかにして越えるかという難問は、太刀を取った時点ですでに起こっていたはずであるが、型という世界の落とし穴に人はみな知らず知らずに陥っているのである。

そんな緊張感を、太刀以上に実感することができる人には、その先の世界が直近に待っていてくれるのだ。

鈎

実手には鈎がついている。その鈎を生かすためには、剣の柔らかさ、すなわち剣術を引き上げた柔術の素養が必須である。太刀の下こそ地獄なれ、踏み込んでみよ、極楽もあれ、と謳われるごとく、その相手の斬り込む太刀の下に入り込むことができれば、我が生命を保つことも可能となる。

その間境を越えたあとの体捌きについて話を進めなければ、実手術の説明が成り立たない。

この実手の鈎を利用して相手の太刀を巻き取る技を学ぶのである。ここでも柔術と同様に力の抜き較べが必須要件となる。力を容れれば、その力はすべて自分に返ってくる。すなわち、相手を斬る太刀は自分を斬る太刀、相手を崩そうと力を容れればそれは自分自身を崩す力となってしまうのだ。

実手

筆者の曾祖父・正郡の実手（上）と現在振武舘で使用されている稽古用の実手（下）。

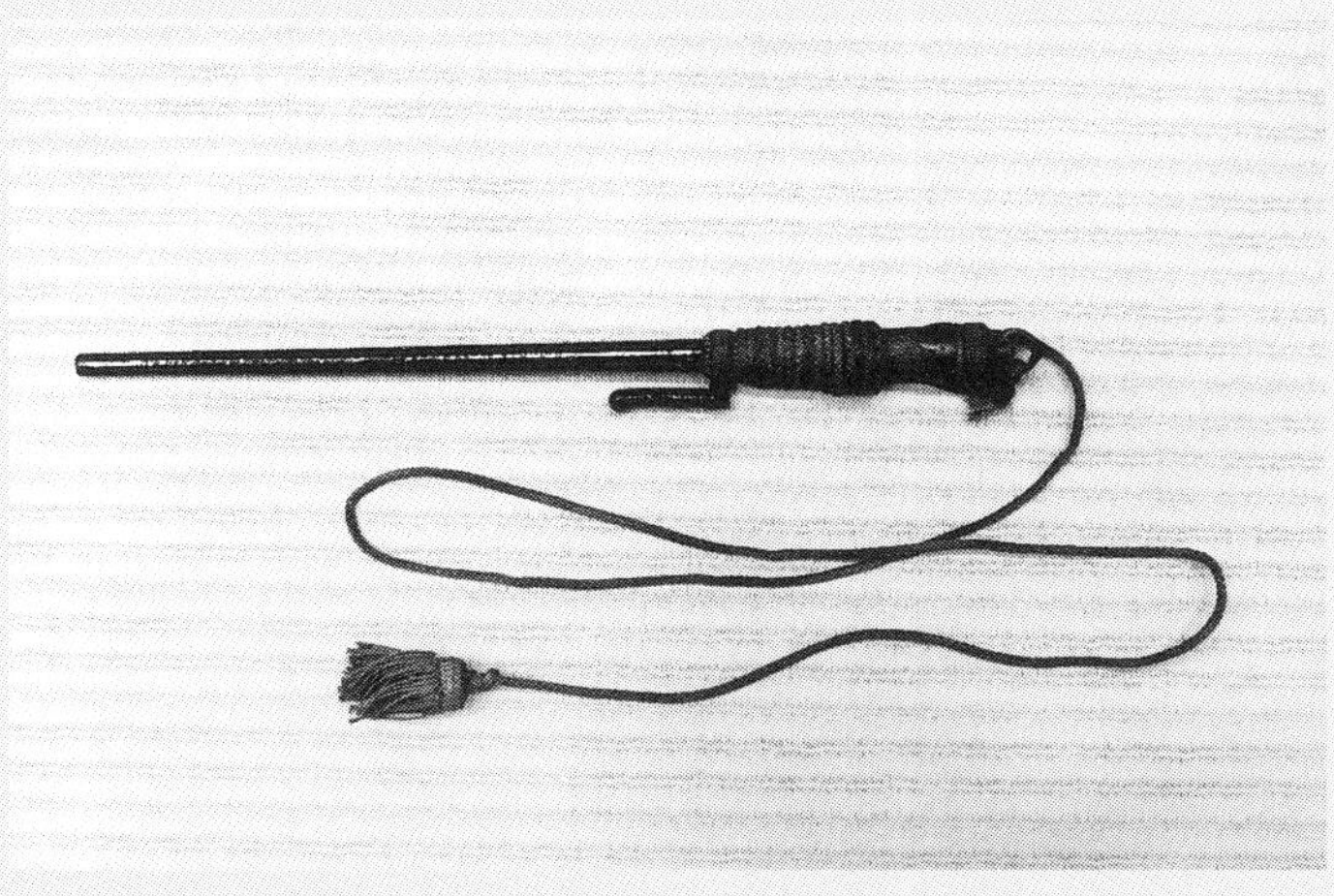

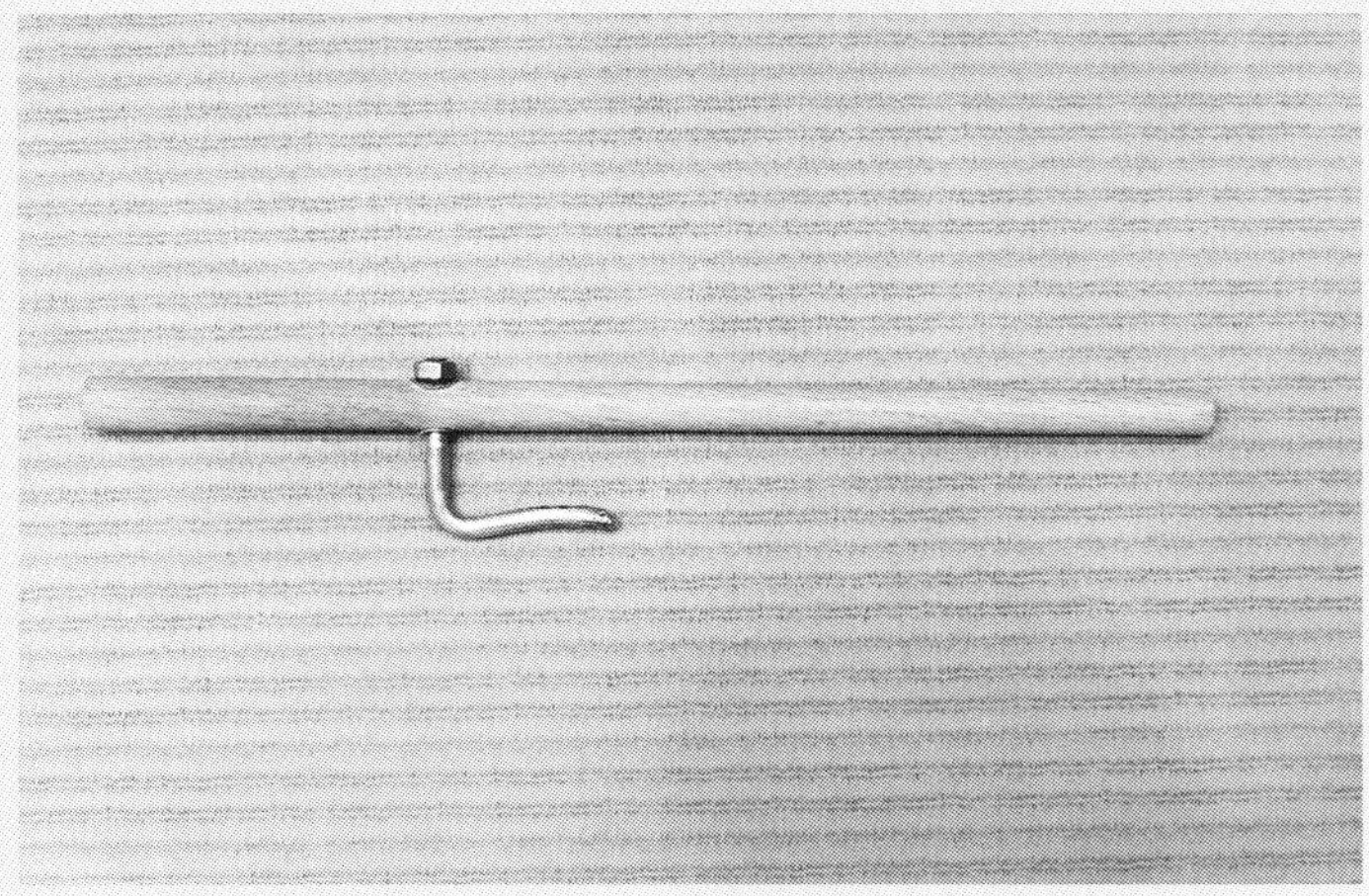

相手の太刀を巻き取ろうとするが、その円運動の軌跡を、どのようにして我が身体から作り出すのか。そこに執着し続けなければ「巻き取る」ということに関しての技の終着点は見えてこない。

受が受けを取らずに消極的な抵抗にとどまる場合、すなわち取の動きがぶつかるような動作の場合、自然の抵抗が発生する。この場合はまだ巻き取るということに集中することも出来るが、受が積極的な抵抗、反撃を試みようとする場合は、少しでもぶつかるような動きが出ればその瞬間相手の太刀は自分を襲ってくるのである。このような状況で、いかに相手にぶつからずに、相手にとっては、何だか分からぬうちに太刀を巻き取られてしまったという形で太刀を巻き取ることができるか否かを型に則って学ぶのである。

昔、祖父もときおり初心者相手におこなっていた。祖父の太刀を、弟子が実手で巻き取ろうとするが、途中で腕、肘が交差硬直し、そこから先は巻き取ることができなくなる。笑顔で「そんなこっちゃだめだ」とくり返す言葉が耳に残っている。いくら力比べをしてみても、力を出している以上、技としてその太刀を軽やかに巻き取ることなど不可能なのだ。違う道、駄目な稽古のくり返しは禁忌である。しかし、人はみなそんなときは、分かっていてつい力を出してしまうのだ。

実手術における丸く巻き取る柔らかい動作、などという言葉は人にはまったく伝わらないことと実感している。丸く巻き取るという運動のその力は、直線の体捌きによる見えざる力なのだ。直線に支えられた最短の体捌きが生む曲線、まろやかな動きなのだ。いくら丸く柔らかくなどと意識してみたところで、まったく無駄である。丸く動けば直線に動くより「遅い」のだ。最大最小理論とは、そのことを教えているのである。

そして、部分制御により手首そのものは、たしかにひと調子に半円を描き、また掻きこむような手捌きをきちんと行わなければならない。と、同時に肘も円を描きまたは屈曲をし、身体は順体を保ち腰構えが崩れぬように保たなければならない。そして、無足の法により、重心を足に移し替えての足捌きは禁忌となる。しかも、力の絶対否定のもとにすべてを同調させ、ひとつの動きに納めなければならないのである。

正郡の実手

いま手元に、一本の実手が残されている。

曾祖父の正郡のものだ。

廃刀令後の腰の寂しさを紛らわすために、一時、正郡の腰にあったものだ。

長さ約三十五センチ。鋼に軟鉄が被せてある。鈎は四センチ、竹の節に似せた細工がしてある。

紫の紐は、とうに色褪せてしまった。

以前は、このような物に対して、何も感じなかった。いまは、手にして見ていると先祖の血のぬくもりを感じる。

曾祖父がこれを手にし、腰に差していたのだ。それをまた祖父が大事に伝えてきた。

ひとには無用の長物、単なる鉄くずかもしれぬが、わたくしにとってはかけがえのない遺品である。

漆黒の実手。

なりは小さいが、大きく重い。
このような物を、次代へ伝えることができるだろうか。

剣術編

第七章　実手の操法

▼持ち方
▼構え
▼不動剣の構え
▼切っ先返しの構え
▼陰剣の構え
▼胸刀の構え　▼操法

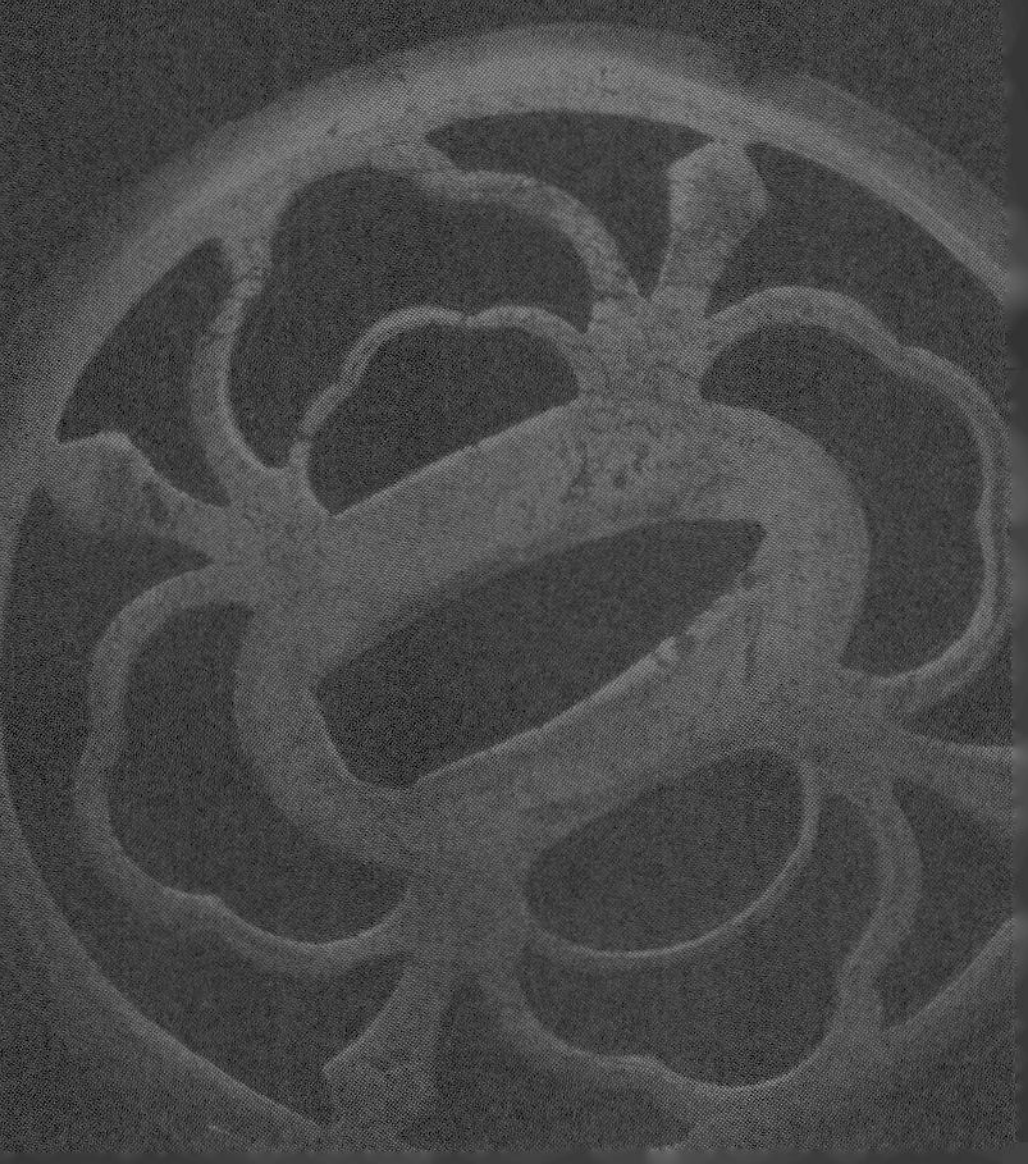

持ち方

順に持つ場合は、右手で実手の柄を斬り手に把持する。鈎は、刀身の刃と同じ向きにする。稽古用実手の場合は、右手の親指をその鈎の留め金に当て、指の長さの分だけ鈎から開けて持つ。これは、相手の太刀を受けた時、握っている指を刀身の刃で傷つけないためである。

逆手に持つ場合は、陰剣の構えと同様に把持する。すなわち下に向けた親指側に柄頭、小指側に鈎および身がくるように把持する。鈎は、順と同様に小指側に密着せしめない。

構え

実手の型における構えは、不動剣の構え、切っ先返しの構え、陰剣の構え、並びに胸刀の構えである。いずれも太刀術の構えと同じである。

ただし、腰構えは低く取らねばならない。ことさらに低い半身の腰構えを定法とする。剣よりもなお低くとり、相手よりも必ず低くしなければならない。これは最大最小理論等の要請であることは論を俟たない。

ただ単に腰を落としただけでも、その一歩は大きく延びる。腰を落とせば前後左右、周囲への移動は拡大されることになる。しかも、ただの拡大ではなく、消える動きによる見えざる速さも兼ね備えている。腰を落とすということは、居つかぬことを学ぶための方法論だということを再々重ねて述べておく。

型というものは、一見不可能なこと、非現実的なことを、さらに不可能であると思えるような態勢から可能にすることを要求している。それを、一般的な動きを基準にして、体育的に誰でもが動きやすいように改変してしまえば、術はすべて失われ、単なる形骸が残ることになる。

型は理論なのだと認識するだけで、自分自身が変わることができるのだ。腰を落とせば落とすほど、浮いた身体、消える身体と呼べるほどの、次元の異なる身体を獲得する道を得ることになる。実手という型にも、それぞれに正しい構えが伝えられている。太刀術を学んだ身体を、さらに一歩進めることができるのも短武器としての実手を稽古して、はじめて実感させられるものである。

不動剣の構え

不動剣の構えとは、左半身、一文字腰の低い体構えとなり、右手順手に実手の柄を持ち、右手首を右腰に当て、実手の身で水月を覆うように斜めに体に接して構える。

この構えについて、祖父泰治は自著で次のように述べている。

『この不動剣の構えは、両眼の配り方に注意を要するのです。眼の配り方は、相手に隙を与えぬ点で肝要なことでありますが、この不動剣の構えは、ほとんど両眼は活気に満たして相手を防ぐと言っても過言ではないのです。』

眼力などというが、たしかに雰囲気は充分に理解できる。しかし、昔日のわたくしには何も理解できなかった。型と言っておきながら、これは心の働きではないか。心身の一致がともなわなければ、いくら両眼を見開いたところで、隙がなくなるわけではない。せいぜいゴミが入りやすくなるだけ・・・と。

どれほど正しく構えたつもりでも、術技、身体が至らなければ隙を隠すことはできない。わたくしは、眼の配り方ひとつで我が身を守ることのできる術技的身体そのものを渇望していたのだ。正しい構えからの正しい稽古の仕方を知りたいのだ。祖先や一部の先輩の、すぐれて腕の立ったことなどをいくら聞いても、憧れが募るばかりで現実の自分にはどうしようもない。この型を稽古してそうなったという事実しかなかった。すぐ諦めが先にたった。その構えから、のそのそと型を使うばかりであった。気持は、飛燕のような早業を望みつつ……。

そして、現在、なるほど相手によっては型どおりに目配りひとつで防ぐどころか、崩し、制御することも可能であると得心している。

切っ先返しの構え

祖父泰治は、太刀における切っ先返しの構えの項で、次のように説明している。

『太刀構えは、手甲が頭上に接するよう、これをかざしながら切っ先は頭部から前方に下げ、手先二、三寸の所を通して相手を睨み、左手は手先を相手方に向けた太刀の切っ先から三寸ほどの峯側を受添えておきます。(中略) そして、上体は、左肩が左膝の直線上に立つように、これをやや右にひねり、頭

実手の構え

上・不動剣の構え
下・切っ先返しの構え

は顎が左肩上に乗るように左側に廻します。そして、左肘を直角になし、これを左肩線上に置くのです。』

さきに正しい構えから正しい稽古云々と述べたが、かつてのわたくしは、そんな気持を絶えず抱いていながら、こんな大事なことが書かれてあることに気がつかなかった。なぜ、気持とはうらはらに、このような大事な文章が眼に入らず、心に響かなかったのか。やっと気づいた時に、自身の未熟こそが我が眼を塞いでいたことに気づかされた。腰を落としに落とし、鋳型にはめ込むようにして構えを作り、そこから次の構えへと変化をすることを学ぶのが武術の修行というものだ。いくら構えても、正しい構え、形は、姿を見せない。正しい構えを作ろうとしても身体がなかなかいうことを聞いてくれない。

構えを正しく知るということに全力を尽くすべきである、と言った祖父の教えの重さを、ようやく身体が理解し始めたのだ。

陰剣の構え

陰剣の構えとは、実手を右逆手に持ち、身をしっかりと右前腕尺側につけ、肘を伸ばして右体側に脇構えとする。体構えは、前項に同様である。祖父泰治は、続いて以下のように著している。

『このように、相手に自分が持った太刀を見せないようにするのが、この構えの目的であります。抜刀したのを気づかれぬうちに、この構えで相手の近づくのを待つというような場合に利用されます。（中略）この構えは、八相の構えと同じく振り上げる動作が必要でなく、相手のどのような構えにも直ちに太刀を繰り出せる利益がある、鋭い機敏な構えであります。』

実手の構え

上・陰剣の構え
下・胸刀の構え

このあと、数種の攻防についての変化を説明しているが、型稽古からの応用を明らかに見て取れる。

胸刀の構え

胸刀の構えとは、両肘を体側にしっかりと付け、右手は右胸前で柄を持ち、左手は拇指と人差し指を実手の身に添え、実手の頭（先端部）をやや左前方へ傾けた構えをいう。

そして祖父泰治は、

『この構えは、正面からは容易に打ち込みがたい堅固な防御の構えであって、その両手は自由に動かし相手のどのような攻撃をも受け止めることができる都合の良い構えであります。』と述べている。おもに実手型においては、相手から身を守りつつ引き下がる時に使われている。

これらの構えは、また小太刀にも常用されるもので、理論として太刀ともども小武器を扱う上でよく注意して稽古をしなければならないものである。

操法

実手術とは言え、古武器としての実手そのものを、それらしく運用しようなどというものではない。たしかに、武器の構造上、鈎を利用して巻き取る技なども含まれているが、鈎そのものに太刀を巻き取るだけの力はない。これは、物理的、構造上での問題を論じているのではない。実手を操作することにより、どのような術を学ぼうとしているのかが明確である以上、趣味的な実手の操法そのものにかかずらっている時間などはない。

ここでは、太刀術に続いて、実手を使って相手の太刀を巻き取るための身体運用技法こそが大事なのである。つまり、武器そのものに頼ってはならないということである。武器そのものの特性や機能に頼れば、すぐに限界がおとずれる。相手は剣を知る人間なのだ。その剣を学ぶということは、剣を捨てるところまで学ばなければならない。それは、表から裏、裏からさらに奥、極意などと型が体系立てられているということを見てもわかる。

この実手術の段階では、太刀術における身体の運用理論の確認と、さらにそれを推し進めるための柔術の技法の混在を認識しなければならない。剣の速さは、その柔らかさから生まれたものである。古来より、人の力の限界と技の無窮が説かれてきた所以である。

いままでの太刀の扱いでは、大きい物を小さく扱う基礎理論を学んできた。それは、最大最小理論により、同時に小さい物を大きく扱うことでもある。それらのことから、さらには棒や薙刀、槍などといった種々の武器を扱うということが何を意味しているのか、少なくともそれらから何を学ぶべきなのか、その理解を深めていかなければならない。

太刀と実手が武器の相違のままに、まったく別の物として学ぶことになるとすれば、古より、武芸十八般と称して、あらゆる武種の武器武具の素養を身につけるのが武士のたしなみとされていた時代とは、大きな齟齬が生まれる。ひとつのことをきちんと行えるようになるのでさえ、並大抵なことではない。それが各種各様の武術をひとりの人間が素養として身につけることができるには、それなりの理由があることだ。ひとつですら一生をかけてさえ不可能なことを複数のものを学ぶことが可能なのは、その身体の運用理論がすべて同一理論で支えられているからである。

柔術が剣術を対象としたからこそ、剣の身体と同一同次元の速い身体を獲得することができたのだ。実手術において、実手という武器そのものの扱いに長じることも大事だが、けっしてそのこと自体が重要なのではない。そのことにより、剣術そのものの伎倆を上げていくことこそが大事なのである。実手術というものは、それ自体としてもおもしろいものだが、改心流においては、あくまでも剣術の階梯のひとつにすぎない。

剣術編

第八章　実手型

▼型稽古の前に
▼実手術礼式
▼肱落
▼肱留
▼燕返

型稽古の前に

太刀より小さくて軽いから扱いやすいと思うのは、大きな間違いである。一片の竹片で素振りを行ってみるとよい。重い物を振り扱う難しさとはまた異なり、別次元の、軽さに負ける自分を発見することだろう。かように、軽く小さな武器を、理論通りに働かすことができるか否かを学ぶのである。同じ身体理論とは言え、それぞれの武器にはそれぞれの特質がある。型の世界の体系に従って、階段を昇るべきである。

祖父は、幼少の頃、朝食の前に素振り―勿論、低い居合腰での廻剣素振りである―を日課として五百回振らされた。子どもゆえ、早く終えようとして当初はよく回数をごまかしたこともあったそうだが、そのうちに、きちんと振り終わらないと食事がうまくなくなった、と言っていた。辛いはずの低い腰構えに次第に慣らされ、表の型と平行して習慣づけられた。通いの弟子たちが型の手合いを進め、実手、小太刀と修めていくのに、依然として祖父は太刀の型である。不満を抱いた祖父は、師父正郡にその理由を問うたところ、「ああ、黒田の者はそれでよいのじゃ」と六年間表の太刀を稽古させられた。こうして、十二分に素振りと太刀の型で修行をさせられたのち、「黒田の」目録、免許へと昇ったのである。

太刀を終えた者が学ぶ、実手術である。

実手術礼式

太刀の切っ先をやや右、刃を左に向けて、取の実手の下になるように組む。

実手の置き様は、切っ先をやや左に向け、鈎を右向きにし、太刀の上に重ねて置く。

双方油断無く、立ち礼を施し、歩み寄り、受は太刀術礼式と同様におこなう。

取は、実手鈎横付近の左側に左足を踏み、右膝を着いた後、左膝を着く。のち太刀術礼式と同様の作法で礼式を行う。

双方座礼を終えて立ち上がる際は、取は左足を立てる時、右手を柄にかけ、受は右足を立て、左手を柄頭に添える。

次いで、受が右手を鍔元に添える時、取は左手で実手と相手の切っ先を挟むようにして抑える。これは、小武器を使用する場合には入身が肝要であるため、左半身の入身の体勢を取り、太刀を持つ相手から前もって突きや小手を襲われないための用心である。そして、双方油断無く、後ろ足を引き寄せつつ、静かに立ち上がる。

その後、双方引き下がる時、取は左足前の腰構えのまま一歩軽く飛び下がり、間合いを切ると同時に短武器ゆえ即座に胸刀の構えを取る。元の位置へ引き下がり、改めて型の構えに構えなおし、これより型に入るのである。

実手術礼式

受が右手を鍔元に添える時、取は左手で実手と相手の切っ先を挟むようにして抑える。

肱落（ひじおとし）

取は、不動剣の構え。受は、左上段の構え。

静かに間を詰め寄り、受は機を見て取の真っ向に斬り込む。

このひと太刀を、いかに受け流すかを学ぶことになる。

実は、取が受に打ち込ませるように、機先を制して実手を操作し、その懐に飛び込んでいるのだ。すなわち、相手を虚に誘い、防御体とならざるを得ない、そのような術技を学ばなければならないのである。

取は、左足前の体構えのまま、ひと足を大きく擦り込み、右膝を後ろに着いて受の懐へ飛び込む。この時、実手を大きく下方より円を描いて抄い上げに、打ち太刀を頭上で受ける。この操作を、体捌きによって理論化させなければならないのである。

昔から、大きく稽古をしろと言われている。わたくしも実手が床を擦るくらいに大きく使うのだと、教えられた。しかし、その大きさは、最大最小理論に則ることができて初めて現れる大きさなのである。然もその時は、体が前方へ飛び込んで沈み、実手で太刀をその頭上に受けた形は見えるが体の変化、実手の動き方は読み取れないものだ。一般に大きく動けと言われると手足が身体から離れ無駄に大きく動き、遅く丸見えの動きとならざるを得ない。これを理論的にみれば、自分の身体に対して実手と手や腕は最小の動きしかしていないのだから、大きく動くという感覚とはまったく逆の動き方なのだ。そこで大きく動き、働いているのは身体そのものである。

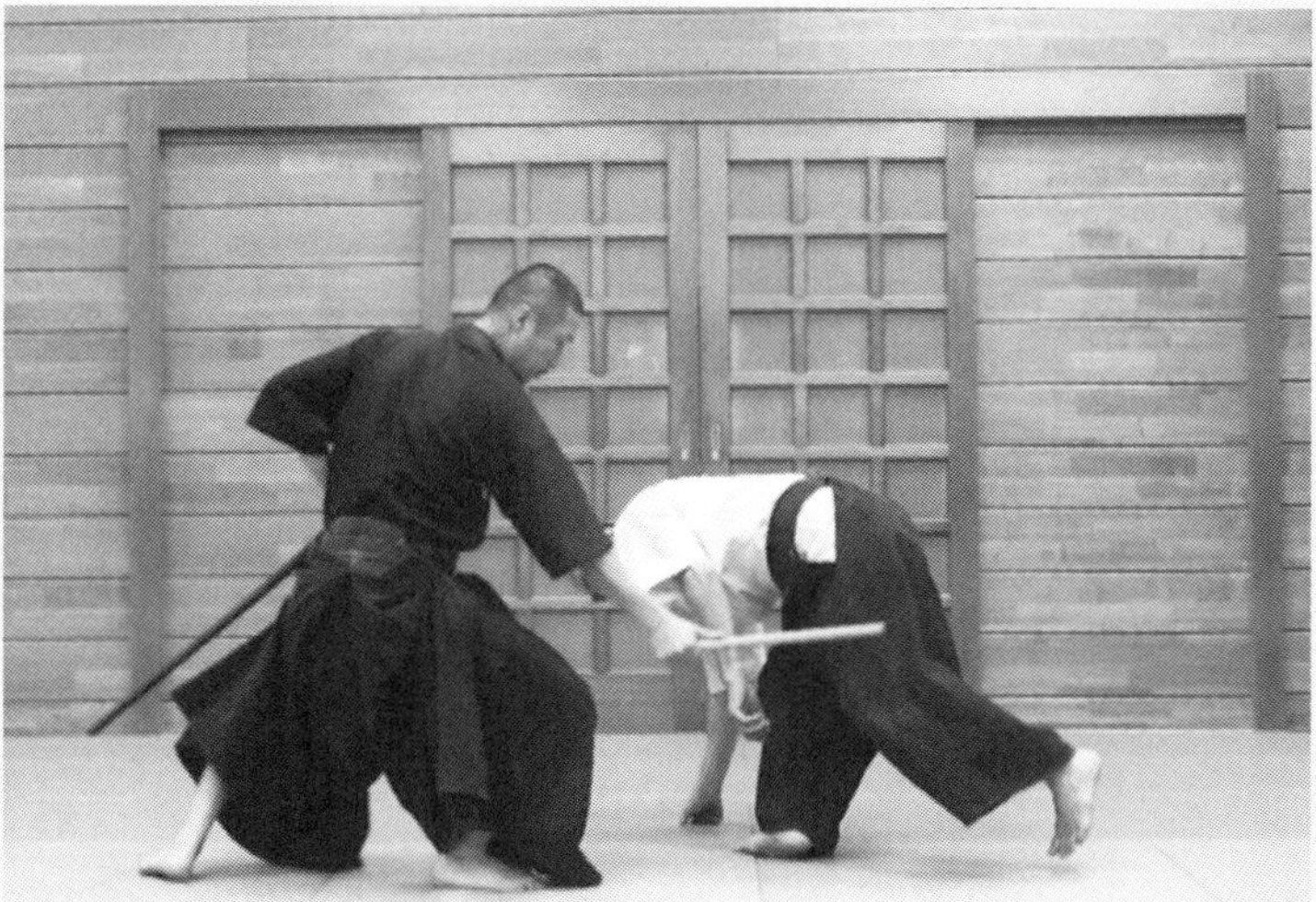

このひと足のすり込み動作ひとつで、すでに受の斬撃を無効化せしめ、そのためそこに居ていない処を斬らせているのである。実手を頭上に振り上げる、という動作の振り上げは、実は、振り出した実手の最下端へ頭を落とし入れているのである。この時の諸筋の働きは「実手を頭上へ振り上げる」という動作とは大いに異なる。つまり、大きく動くという観点からすれば、手、腕そのものの振りだし運動は、実際は、半分動かしたかどうかという程度でしかない。理論を絶えず、念頭に置かなければならない所以である。

そして、もっとも安全な場所へ飛び込んだのち、実手の特徴を生かした、受の太刀を巻き取る稽古に移るのである。

太刀の柄に下から左手を逆手に添え、大きく左方に半円を描くようにして、太刀を巻き取る。充分に受の体勢が崩れるところまで半円を描きつつ、右足を左足に踏み揃えて立ち上がり、我が腰に巻き取り終わるのである。

遊び稽古の言葉で、実手地獄などと言うが、この巻き取り動作の始点で受にぶつかり、受けた体勢のまま動くこと、立ち上がることを許してもらえないのが常である。しまいにその形のまま諸筋肉の疲労と共に稽古の終了となることもある。

動けぬ理由は明白である。もろもろの問題を抱えた我々の身体は、意識したとおりになどまったく動くことができないからである。体力がないため、などという言い訳はどこにも存在しない。初めから体力の有無には無関係の世界である。ひたすら正しく動くことを追究するのみである。そこに、型の存在意義も学ぶ愉しみも共にあるのだ。

肱留

わたくしが二十歳代の頃、古い先輩のひとりが祖父に会いに道場へきた。祖父の不在を告げに道場へ出ると、ちょうど懐かしげに実手を手にし、型をなぞったところであった。忘れたなあ、と言いながら二、三動作をつかった。祖父に仕込まれ、その形、技を素直に身につけた方たちは僅かであったが、その姿態、動きはまさに祖父がわたくしに教えてくれるときの姿、雰囲気に生き写しであった。個人の動きの癖など微塵も無い。無色無臭、型に則った動き方そのものがそこにあるだけだった。これが流儀というものだろう。実手を元に戻して、先輩は帰られたが、忘れたのは型の手順であって、その動きは、まさに祖父の血の通ったものであった。十年、二十年稽古をしていなくとも腕は落ちないと祖父が言っていたとおりである。


肱留の型は、陰剣の構えからの攻防を学ぶものである。

受は、八相の構えからの斬撃で、横から縦への連続のふた太刀を学ぶ。

両者、間合いを詰め寄り、受は機を見て右ひと足を踏み込み、右半身一文字腰となって、取の首を真横に斬り払わんとする。

取は、その機を捉えて、右ひと足を踏み込み、同じく右半身一文字腰に変化をし、実手を大きく下からすくい上げて肱を曲げ、顔の左前に垂直に立てて、水平の斬撃力を下から上へと受け流す。

首の横払いを受けられた受は、即座に太刀を右から返し、取の真っ向を襲う。

取は、さらに大きく歩を進めて間をつぶし、実手を左下へ返し半円を描いて受の懐へ入って、頭上に右腕を擬し、太刀を受け止める。

この型も前項同様に受を崩し、斬らせることを学ぶのである。そこに、斬られてからの受けは、無い。ここでもふた太刀ともに実手の柄頭が床を擦るくらいに「大きく」動けという指示が働く。そして、半身から半身への転身、変化に際しては、無足の法により、足の蹴りは排除しなければならない。その上、左右の肩の入れ替わりを直線に行い、体の廻りの消去をも目指さなければならない。最大最小理論を支える身体の直線運動を創造、獲得しなければならないのである。

取は、常に相手の機先を制し、体の沈みによって受の太刀を無効化せしめなければならない。腰を沈める際にも、浮身をかけ、受の眼には、変化の一瞬、取の頭部が下方へ消えたかのように見えなければならない。見て取られれば、強剛な太刀筋がそのまま行く先々へと追いかけてくる。

次いで、懐に飛び込んだ取は、ここでも前項同様に体捌きをもって、受の太刀を巻き取ることになる。両手は受の中心線上を覆い被せるように円を描くのだ。左手を太刀の柄頭に添え、手前から円を描いて左右の拳が同心円を描くようにして、右足を揃えて立ち上がりつつ、太刀を腰へ巻き取るのである。祖父泰治は、この時の左手の扱いを、手の甲が鼻をこするように、という言葉で指導した。多くは、左手で柄頭を押し上げようとすると、左肘がいったん曲がる。その後、手を返して上に押し上げようとする。これが一般的な多くの人の動作である。初めは誰でもこのような動きしかできない。これでは、円の軌跡にはならないのだ。

ひと調子という観点から見ると、分かりやすい。受の太刀の柄頭に添えた左手は、我が鼻をこするようにして、一直線上を円転して相手を襲い崩し、巻き取る効果を得なければならない。即ち、左手を上げようとした時に左肘を曲げてしまうと、手は上がっているように見えるが、肘は落ちている。つまり、手前にしゃくり上げるかたちの動作となってしまう。これが受にぶつかる力となり、動けない原因となる。左手は、ひと調子に上がり続けなければならない。肩、肘、手の三点が同時に働いて上昇運動を行わなければならないのである。

そして、手を動かせば、よく足もつられて動くものである。多くは手につられ、早々と立ち上がってしまうという失敗を犯すことになる。手捌きは何とかできても、早い立ち上がりのために、またそこで腕が絡み、膠着状態となってしまい、巻き取ることが出来ずに終わる。

往時の免許たちの実手は、どのようなものだったのかを祖父に問えば、なんだか分からぬうちに巻き取られていた、とのことであった。どこにもぶつからずに訳も分からぬうちに、抵抗すら忘れてしまったかのように、巻き取られてしまうのだ。そのような技をどこで身につけたら良いのか。

この型でも、実手地獄をたっぷりと堪能してもらうしかないのだ。

燕返

取は切っ先返しの構え、受は八相の構えで間を詰め寄る。

受は機を見て取の首を刈るように、袈裟に斬り込む。

燕返

取は、体を大きく（二百七十度）入れ替え、腰を沈めて右膝を着く。その際、左廻りに実手を大きく下円を描いて頭上に擬し、面部を防御する体勢を取って躱す。即座に、左右両足を同時に正面に踏みかえ、左手で受の流れた小手を押さえると同時に実手で水月を突く。

この型も、間合いを詰め寄り、機先を制するのは取でなければならない。受が上位の場合は、取を引き立てる稽古をつける。斬るぞという気配を見せ、そこを取らせるようにする。外せば斬るぞ、ということを知らせるのである。基本的に、受は上位の者が取る。それゆえ、その上位の者に対して機先を制するという一点に集中しなければ、受はただの斬られ役となり、型そのものが形骸となる。

さきにも述べたが、剣の速さに人の身体そのものが対抗できるわけがない。袈裟に斬り下ろされる太刀を躱せる物理的な人間の速さは存在しない。受に立つ者の持つ伎倆を乗り越えて、はじめて状況の逆転が成り立つのだ。それまでは、受は斬られ役として相手をしてくれるありがたい先達なのである。とは言え、その人も同じ道を歩んでいる。いつまでも昨日のその人ではない。追いつき、追い越せというが、追いつくことも追い越すことも至難の業となる。同じ次元で立つことが出来て、はじめてお互いの身体を理解することが出来るのだ。

そして、この燕返の型においても、その実手捌きは消えて見えなくなる。動いて納まる形のひとつひとつは完全停止を目指すため、結果としてのひとこまは誰の眼にもとまる。だが、消された動きを認識することはできないのである。

剣術編

第九章　小太刀

- ▼小太刀術礼式
- ▼小太刀一本目
- ▼飛んで跳ばず
- ▼陰剣からの変化
- ▼砂巻（肱車）

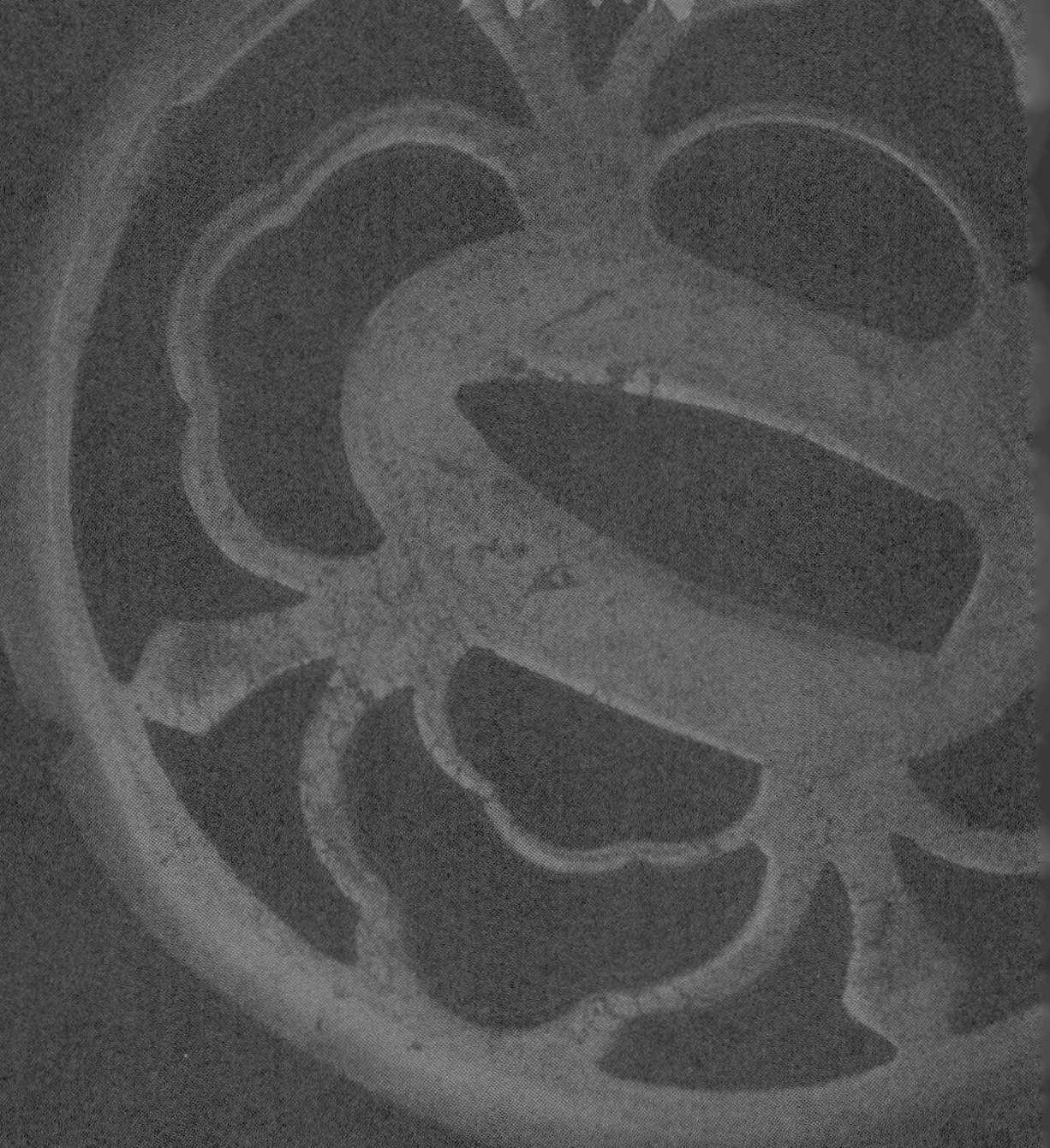

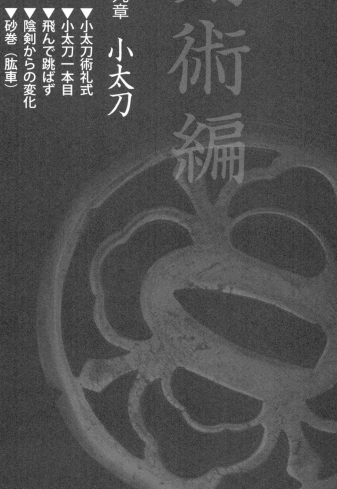

小太刀術礼式

実手術礼式と同様である。小太刀の切っ先はやや左方へ、刃は右向きとし受の太刀の切っ先の上に重ねて置く。

双方、油断無く礼式を行い、型に入る。

小太刀一本目

祖父幼少のおり、曾祖父の正郡はある時真剣で小太刀の受を取った。幼い祖父だが真剣を持ち出されても恐怖心などなかった。それがごく日常的な稽古だった。木刀が真剣に替わり、竹刀が真剣に替わってもそれは同じことだ。異質な武器、大小形状のものを使用しても、学ぶことはひとつである。

正郡が受に立つ小太刀の一本目である。間合いを詰め寄り、ひと太刀目が振り下ろされた時、祖父は、うまく飛び下がって体は躱したが、引き寄せきらずに残った左膝頭を斬られた。口頭の注意よりもよほど効果がある。

その傷口の手当てに、正郡は、

「これで、腐らない」と言って粗塩を揉み込んだ……。そして、その上から障子の桟に溜まっている埃を指ですくい取り、

「これは、自然に溜まったものだから（血止めに）よいのだ」と、傷口の上を覆い、包帯を巻いた。翌日、祖父は、びっこを引きながら稽古をしていた。

わたくしが子供の頃、体は太めでよく尻が重いと言われた。遊ぶことは好きだったが、どちらかと言えば運動は嫌いなくらいだから、こういう稽古は大の苦手であった。後ろへ飛び下がった瞬間に前へ踏み込むなどという、わたくしにとって動物まがいの運動は不可能と言ってよかった。しかも祖父は、曾祖父の深い間合いで思いの外伸びてくる太刀に膝を斬られた想い出からか、後ろへ大きく飛べという。後ろへ飛んだわたくしは慣性の力に逆らってようやく踏みとどまり、その後、やっと前へ動き出すという始末である。上位の優しい受は、その間待っていてくれ、型を合わせてくれた……。

そんな子供が大人になったからといって、飛燕のような早業の小太刀を使えるようになるわけがない。こちらがいくらか動けるようになった時、受の太刀は本来の速さを発揮する。太刀の速さに人間が追いつくわけもないし、ましてや追い越せるものでもない。わたくしは自分の運動能力から到底「飛燕のような早業」などというものは手に入れることはできないものと、はなから諦めていた。だが、諦めてはいたが、型そのものを諦めたわけではない。古の名人達人たち、そして祖父や曾祖父が学んだ、そのままの型なのだ。できない自分は駄目かもしれないが、型が駄目なのではない。それどころか、型は人が剣の速さを凌駕する別の方法論を教えている。わたくしは、まさにその型に浸って育ってきたのだ。そんな思いが型を捨てることを許さなかった。

一本目「手賺」

飛んで跳ばず

祖父が、この初太刀を躱す時、大きく飛べと言ったことは、さきに述べたとおりである。我々の耳は、これを「跳べ」と聞く。しかし、実際あたかも軽やかに飛び下がったかのように見えるこの動きは、たしかに跳んではいないのだ。飛び下がるという運動の概念が異なっている。我々のとびかたではないとびかたで飛び下がるのである。だから、受の斬撃にも間に合うし、後ろへ飛び下がったその瞬間は前へ出る瞬間と重なる。尻の重いわたくしは、かつては後ろへ跳んでから再度前へ出るという二つの運動を連続させようと努力した。しかし、ふたつの運動は永久にひとつにはならない。稽古の仕方というものは、駄目な稽古の排除に全力を尽くすということにすぎない。

ここで、反省を踏まえて言わせてもらえば、型で要求されている術技は、無足の法であり、浮身であり、いわゆる理論だけなのだ。それは、基本からそう言われてきたはずだ。だが、なかなかそれらはひとつも実際の型に反映されて来ない。ただ、型の手順に従って動いているだけの形骸でしかない。床を蹴るな、倒れるのだ、というのが無足の法の根本原理である。それだけである。しかし、人はだれもそれができない。それほどに難しい。

わたくしは、ただ型の手順にしたがって一般的な運動をしてきたに過ぎない。成人して、やせ形の体型となってもまだ足腰の重さ、動きの鈍重さは絶えず意識から拭うことはできなかった。

技を追究するということは、心身の限りない働きを追い求めることだ。たしかに、それは限りが無い。

そんな限りの無い世界に遊ぶことだ。

この小太刀の第一動作で、跳んだように眼に映るのは、身体そのものが後方へ跳んだかのように移動するからだ。前倒れの後方移動に際して、最後の補助としての引き下がる足を見ているからである。いや、見えているかは定かではない。後方へ飛んだ形が眼に残るからそう思うのだろう。

この飛び下がるという移動においても直線運動がそれを支配している。跳べばその軌跡は弧を描き曲線運動の遅い動きとなる。どちらが効率的な動きであるかは論を俟たない。

身体運動の理論化、それ以外に型を学ぶ意義はない。

陰剣からの変化

小太刀に入ると、受としては左右の水平の切り返しを学ぶことになる。

左右とは言っても消える最高速の動きを得るため理論に従わなければならない。勿論、最大最小理論である。半身から半身への変化により、左右へ振り分けて打ち込む太刀は、身体に対して最小限の距離しか移動しない。左右へ振り分けていながら、相手にはそれが見えない。我が身に対して太刀は百八十度しか移動しない。太刀そのものは、体捌きによって行われるため腕力を使用して振る時の物理的な抵抗は、その角度、方向において大きく異なる。

上位となる受の太刀は、理論にしたがうため、小武器である小太刀あるいは実手など、手を使って操作してしまう初心者に対して、同じ運動を行っているようでありながら、実手より長尺の太刀のほうが速いのである。筋力によって、より速いのではない。身体と両腕との運用の違いによるのである。受、取双方が間を詰め寄る。機を見て、取は先をおさえなければならない。小武器としての小太刀の早使いは、意味をなさない。

受が八相の構えから取の首を斬らんとするところを捉え、右ひと足を踏み込み一文字腰となるとき、右手に構えた小太刀を大きく下から抄い上げるようにして左顔前に立てる。この時、左手を抄い上げるようにして右肘下から峯に添える。

受は、即座に太刀を左へ返して取の右から首を襲う。取は小太刀を額上に上げ、右手を返し、そのまま前方へ押し割るようにして打ち太刀を受け流す。

ふた太刀の斬撃を躱され、その都度、間を詰められた受は、その間を切らんとして、大きく体を引きながら、太刀を左から返して取の真っ向を斬る。その太刀を左肩で受け流した取は、体を入れ替えて上体の流れた受を斬り留める。

受の初太刀を受け流す第一動作では、左手の捌きが一致しないことが多く、小太刀の刃部で左手を傷つけることが多い。また、合わせられても、その動作が消えなければ意味が無い。すなわち、眼に映るということは、不調和を証明する。勿論、身体の回ることは禁忌である。それゆえの至難の体捌きとなる。だからこそ、左右両肩、胸の働きを意識して、その働きによって手足が動くようにしていかなければならないのである。古い先輩たちは、祖父から腰を回すな、尻を振るなと、よく叱咤されたそうである。

なお、この左右の頸部への斬撃を受け流す際、小太刀を前後水平に捌いているかのように見えるようだが、前述のとおり、左右の横からの斬撃は上下の受け流しである。見えない部分の典型的な場面かも知れない。書でいう楷書、行書、草書と同様に、型でも表は、きちんと等速で形を収めるという楷書の稽古から入る。それが上達と共に行の体、草の体へと変化していく。この小太刀の型を、奥の人間が使えば奥の型となってしまうのは当然である。そこでは、たとえゆっくり動いても相手を正しい構え、形で制覇することができるようになる。それは理論ゆえ、どの体を取っても同じことである。

かつて、この型を丸く、角を取って動いてみたことがある。こちらは静かにゆるりと動いているだけなのに、いままでこちらの速さに合わせて果敢に受を取っていた弟子たちが、いきなり受を取れなくなった。太刀を打ち出すどころか、太刀を振りかぶったまま引き下がるいっぽうである。この時、体の変化がすべて消えている、という感想が聞かれた。これは、型だからこその結果の明瞭性である。

最後の受け流しの小太刀の位置は、素振りの際の太刀が肩に乗る場所である。そのまま胸の変化とともに両肘を曲げ太刀を下方へ滑らせると、小太刀での受け流しの定位置となる。この際、左肘頭で受の中心線を取る。体捌きによって両腕は変化をすべきで、とくに右手で小太刀を、肩の上に持ってくるような操作をしてはならない。従って、胸が働きの中心となるため、左右の肩鎖関節は落ちるようにして腕が上がり、頭の防御が早期に完了することとなる。このように、いかにして体を捌くかということが大事である。相手の太刀の速さ、動きなどに心を配ることは当然だが、それ以前に自身の体捌きの完璧性を追究しなければ、その場での正確な応対などできるわけがない。ここでは、胸の開閉、上下という運動が主体となっている。

「修行を積み、腕に自信ができても自分から積極的に仕掛ける場合は、ほとんどないものである。まず相手から仕掛けられ、剣刃を受け流し、受け応じ、受け躱す等々、自分の身を守るために手腕を発揮

二本目「横合」

二本目「横合」

小太刀は正中線上を縫うようにして縦に大きく変化しなければならない。

する程度にとどめることが真の技である」とは、祖父泰治の教えである。

　そんなわたくしもかつてこの型では、難渋したものだ。特に、ふた太刀目の動作では、体が回り、尻も回る。そこでは小太刀を持ち替える手捌きがもたつき、間に合わなかったり、小太刀を取り落としたりしたものである。これは、正しく操作もできないのに、いや、正しい操作そのものがあやふやな形でしか身についていない上に、早使いをしようとしたからである。しかもその動きは、小さい。

　小太刀は、正中線上を縫うようにして、縦に変化をしなければならない。くどいようだが、左右の首への攻撃とはいえ、それを受けるための小太刀は縦に上下の変化なのである。左右横方向の変化で小さく早くしようとすれば必ず破綻をきたす。たとえ、手早く動けるようになったとしても、その時々で受けられるか、し損じるかの確率の問題となってしまう。勿論、それではどれほど早く動けても、即物的な早さとして眼に映る。そこに上達の道はない。

砂巻（肱車）

　祖父が子供の頃、相撲の地方巡業がやってきた。相撲取りが町の若い者を次々に土俵下へ投げ落としているのを眼にした祖父は、利かん気を起こした。子供だてらに土俵へ上がった。両拳をしっかりと土俵に着けた指の間には塩まじりの砂がはいった。軍配が返ると同時に、祖父の手から砂がほとばしった。わざと眼つぶしをくれたようには見えないほど自然な立合であった。攪乱された力士の腰にくらいついたと思った瞬間、力士は土俵下に転落していた。

四本目「砂巻」

砂巻、眼つぶしあるいは手裏剣などを駆使して間合いを詰め、攻防を利するというのは常套手段である。

取は、不動剣の構えから左手にて、眼つぶしを受に放ち、間合いを詰め寄る。

機を見て、受は真っ向を打つ。

取は、左足前の体構えのまま一歩すり込み、小太刀を下から丸く擦り上げて右手甲を頭上につけ、太刀を受ける。次いで、右足を左足に踏み揃えながら、右掌を上向きに返しつつ太刀を押し返し、小手を打つ。

押し返すとき、その動作は、撥ね返しにならなければならない。多くは、単なる押しの動作にとどまる。これでは小手打ちにならない。初めから小手打ちにいけば刃の返しにより、刃筋が整わない。それ以前に、体が回る。右手を前方に押し出し、伸ばす際に右肩が弧を描く。直線に受に向かわなければならないと分かっていても手や腕の操作では、直線とはならない。体はさておいて、ただ直線にだけ押し出すとしても、それでは受の太刀を割ることはできない。さらに、右足を前に踏み揃える以上、とにかくその身体の動き自体を変革しなければ、ここで要求される見えざる直線を得ることはできないのである。ここに、この太刀筋の極意性がある。手首の返しと押し出す運動の二つは、それぞれ前腕と上腕、別個の筋肉の働きによることは誰にでも理解できる。だが、理解できただけでは、人の身体は動いてはくれない。

さらに、ここでいう極意性の根幹は、押し返しと斬りが受け流しの一点に集約されているということだ。相手も真っ向の斬撃、こちらも直線にその正中線を割って入るため衝突が起こるではないか、と危惧されるのは当然だ。まして、鍔を付けずに稽古が成り立たなくてはならないのだ。それゆえにこそ、階段を昇るように、ひとつひとつの身体の働きを作りかえていかなければならないのである。それが極意だといわれて、指をつぶすような乱雑な稽古をしてもまったく無意味である。

絶えず理論を念頭に置き、理論から逸脱しないように厳しく自分自身のわがままな動きを制御し続けることが平生の稽古風景でなければならない。力の絶対否定、順体法、等速度運動、無足の法等、すべてに適った状態でひとつの動きができた時、それはすべて極意性を持った異次元の身体運動となるのである。

静かに正しく小太刀を操作することにより、受の太刀は割られ、軽く撥ね、それる。

この点の間の接点こそが、撥ね返し、小手斬り等の直線の凝縮したものである。点の間に到達できるような丁寧な稽古の積み重ねをしたいものだ。

そして、その点すらも消してしまいたい。

剣術編

第十章　薙刀

▼祖父の薙刀
▼家伝の薙刀—その操法—
▼素振り　▼薙刀術礼式
▼陰之薙
▼薙刀も速いもの
▼飛違、そして勝色

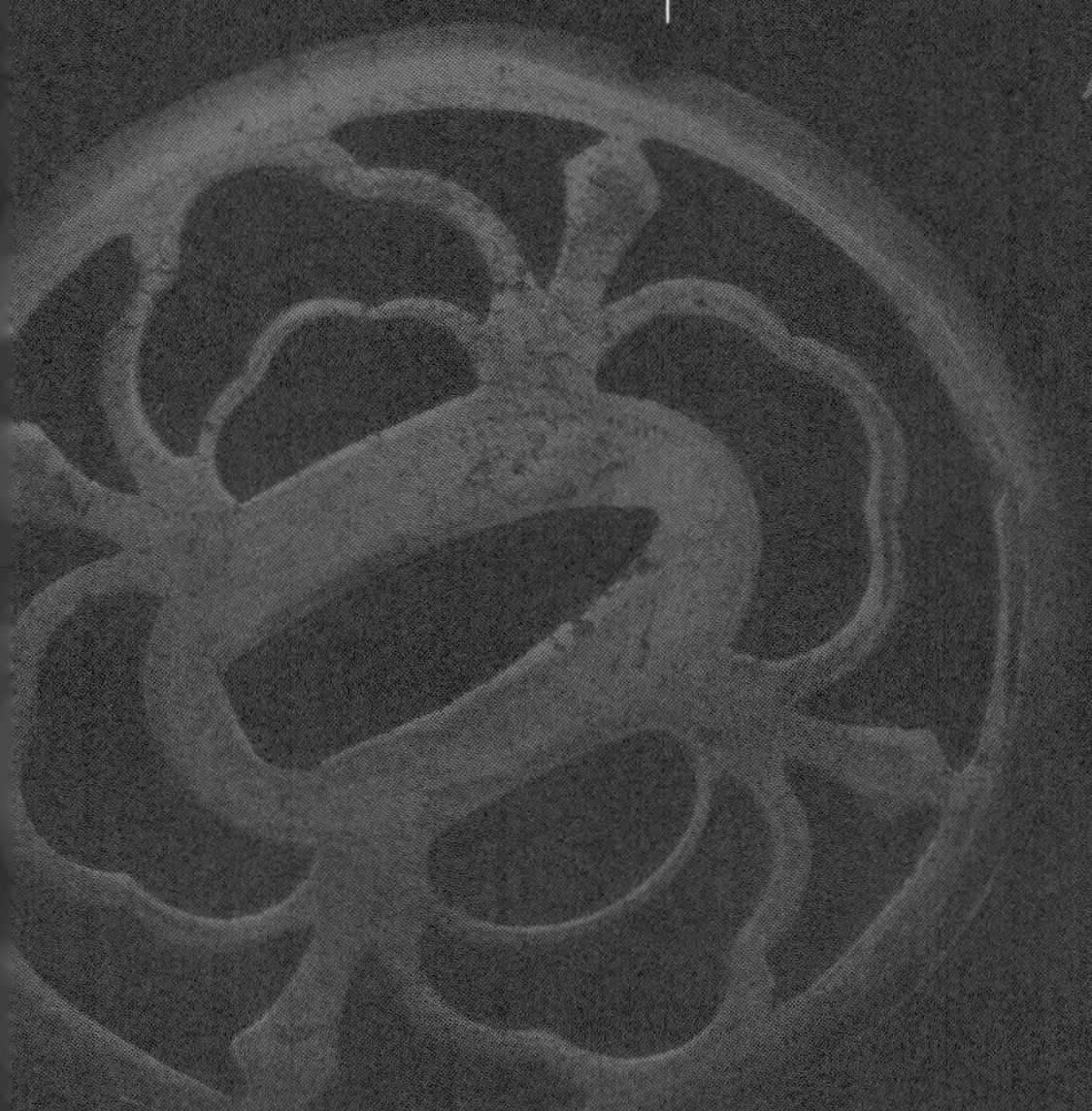

祖父の薙刀

祖父が子供の頃、薙刀は、どうも女みたいで嫌だと言ったとたん、曾祖父に叱られたという。そんな祖父が、何気なくわたくしの眼の前で型のおさらいでもするかのように薙刀を舞った。それは、舞ったとしか言いようがない。その淀みのない端然たる美しさ、流れるような滑らかさ、優雅とさえ言える動きに魅了されたわたくしは、このとき薙刀を是非にも教えてもらいたいと思った。

太刀の美しさを見、小太刀の美しさを見、そしてこの薙刀の格別の美しさを、初めて眼にしたのだった。型を丹精して身につけた動きは、高齢になっても理論通りにしか動かない。武術の動き方とは、かくも抽象化され、典雅荘重なるものであったか。その動きはどのようなものかと問われても、駄目な動きを持たぬ抽象化された身体の動きは、無色無臭、透明で何もない。もし、動きになにがしかの特徴があるとすれば、それはただの癖でしかない。あくまでも正しく、美しく優雅に、確固として型のとおりに動いたという印象しか残らない。その型も消える動きゆえ、その動き方は記憶に残らない。美しい型と流れが断片として記憶に残るのみである。それこそが流儀を得た者の唯一の特長なのだ。そのようになりたいとひたすら手を合わせ念じるのみだった。

強くなることを願っても、術技を高めたいと願っても、型を学べばひとつのものにしか到達しない。それを、美しさと表現してもけっして間違いではないだろう。美しく動きたいと願うほうが、稽古がより丁寧に、緻密になる。剣が緻密になるということは、単に小手先が技巧的になることではない。身体そのものが果てしなく武術的身体に近づくことである。猛烈殺伐とした剣は、基本として閉じ込められ、強さをうちに秘めるのだ。

家伝の薙刀――その操法――

元来、薙刀とは男子が扱う武器である。全長七尺が正規である。当家には戦時中、校庭で婦女子の訓練用に使った六尺程度のものが数本残されている。そして、七尺のものは、祖父が道場を持った時、曾祖父から送られた稽古用の木製のものがある。時代を経て黒光りしているが、稽古にはまだまだ充分に使えるものである。これは、本身のものを模したもので、重量、釣り合いが実物と同等に作成されている。現在は、これの複製を製作して、弟子共々稽古に常用している。

終始、持ち手は両手の拇指が向かい合う形を取る。これは、同じ長尺物でも槍のように突きが主体*の武器と異なり、円転操作による薙ぎ払う斬りが主体のためである。筋力で太刀を振り回していたころのわたくしには、真槍を模した稽古薙刀を、思うように素早く振り扱うことは、とてもできなかった。当時の太刀や実手、小太刀を基準にした速さの感覚からは、おそろしく鈍重な武器としか感じられなかった。しかし、そこでそんな即物的な力の絶対否定により、あの祖父の美しく速い薙刀が生まれるのだ。そのための逆手なのだと、ようやく知ることができた。長い物を短く扱い、さらに長さを利して長く扱い、相手をして間合いに入らせない術技を学ぶのである。

長い物をより長大に扱うためには、短く、極小に扱う術技を学ばなければならない。けだし、最大最小理論は、術技の根柢である。
＊槍は斬るもの、剣は突くもの、とする佐分利流槍術がある。

素振り

薙刀は、左半身となり、腰を落として脇構えに取る。この構えから、順逆の左右の連続素振りを行う。体の入れ替えに際しては、腰の上下動は禁忌である。そして当然のことながら、薙刀は体中心線上を通す。このような長尺の武器を室内でいかに自由に振り扱うことができるのかを学びたい。室内各所に差し障りなく扱うことができて、初めて広い空間でも術技が発揮されるのだ。ここに、薙刀術として学ぶべき身体操法がある。

順、逆の素振り共に小武器の実手、小太刀などと同様、あるいはそれ以上に低い腰構えを取らなければならない。これは速く動くための必須要件である。高い腰構えは、初心者にはなんら稽古に資することにならないばかりか、悪癖となる。

［順の素振り―左右］

両手は薙刀の中三分の一部を把持する。左腕を伸ばし石突きを前、刃部は後方に置き、右外向きとし、右手首を右腰に付け、脇構えを取る。

右足を左足に揃える時、右手を上に振り上げ、それに応じて左手を石突きへ向けて滑らせ、左手を左

順の素振り

腰に引き寄せて薙刀を胸前に立てる。

左足を引いて右半身一文字腰となり、右手を滑らせて薙刀を前方へ振り出す。

次いで、刃部が下円を描くように右手を左腰へ引き取りながら両手を入れ替え、石突き前の脇構えとなる。

同様にして、左半身へと替わりながら薙刀を振り出す。これをまろやかに、交互にくり返して左右の円転素振りをおこなう。

［逆の素振り—左右］

右足を左足に踏み揃える時、右手を右胸前に引き上げ、応じて左手を手元に引き寄せながら額前に構える。

左足を開いて右半身となる時、両手を滑らせ刃先が床や地に当たらぬように操作して、左手を石突き付近まで滑らせ、真下から斬り上げる。

次いで、右掌を上向きに返して持ち替え、刃先が上円を描くようして左腰に引き取り、両手を入れ替え、石突きを前にし、脇構えとなる。これを、左右交互におこなうのである。

これらの素振り操法に際しては、絶えず両手は自由に活動し、上下左右に小さく、前後に長大な楕円運動を描くように行うべきである。

この薙刀の操作を初めて見た時には、両手が同時にするすると動いているため、何がどうなっているのかまったくわからなかった。その滑らかさだけが印象に残っただけであった。そして、やってみれば

逆の素振り

無残な動きしかできない。眼に見えてたどたどしい手捌きだから、剣術としての速さなど出ようもない。そのままで速くしようとして、また力が復活する。とたんに真下からの斬り上げの刃筋が大きく狂う。そんな悪循環を、どうやって断ち切れば良いのか。

絶えず力の絶対否定を心がけ、力を使おうとする自分に負けない稽古を続けるしかない。あらゆる武器を取り扱う理論は、同一である。とは言え、武器が異なるだけで、それぞれの難度もまた異なる。

太刀や実手、小太刀などでは気づかなかったことに気づかされる。武器が替わったことにより、理論の深化を実感する。順体という基礎理論の大事さは、このような長い武器を操作してみて、本当に身体を通した理解が深まると言えるものだ。構えた薙刀を、手から操作し始めるのではない、ということである。なんだ、それは「順体法」ではないか。まさに、そのとおりだ。体ではなく手で薙刀を動かし始めれば、その分、致命的に遅くなる。型である以上、斬り払い、斬り上げ、薙ぎ払う等の動き方をしなければならないが、その動きは、体捌きによって行わなければならないのだ。

順の素振りの第一動作の難しさは、その振り上げるという動作自体を胸という身体が変化をして、わが右腕が、その変化に支えられて変化をしなければならないところにある。そこでは、もちろん体の回りの消失も必要であるし、薙刀自体が、一般的な運動では通らぬ道を通るようにしなければならない。それは、取りも直さず、薙刀そのもの、つまり刃も柄も、ともに正中線上にあって動くということである。

薙刀も太刀術と同様に、頭から足、左右胴など上から下まであらゆる攻めを持つ。廻剣理論により長いものを短く、短い物を長く、つまり長い物をより長くも扱えることは、すでに述べた。素振りの項で円転操作と説明したが、これも理論的には、最大最小理論の要求により、すべて身体が生み出す直線運動によってなされなければならないことは必須の要件である。それらから、その長さ以上の間合いを持つ伸縮自在の妙味を学ばなければならない。太刀に対しての実手がいかにしてその懐に入ることができるかを学ぶのと同様に、薙刀では、いかにして薙刀より小武器である太刀を間合いに入れさせないかを学ぶことになる。

太刀の術をいささか学び、実手、小太刀の小武器のなんたるか、その働きによりさらに太刀術に精妙を加えたと思いきや、そんな独りよがりの精妙など取るに足らぬと教えてくれるのが、薙刀である。まさに、次元の深まりを体感、痛感させられ、素直に頭を垂れるしかない。

薙刀術礼式

太刀術礼式とほぼ同様である。

受（打ち太刀）は、太刀の刃を左に向け、切っ先をやや右にして置く。

取（仕太刀）は、薙刀の刃を右に向け、切っ先をやや左にして太刀の上に重ねて置く。

座礼を施し、受は右膝を立て、左手で柄頭、取は左膝を立て、左手を逆手に柄にかける。

受は右手を鍔元に添え、取は右手を順手に柄に添える。

受は太刀先を寝かせたまま上体を起こし、静かに立ち上がる。取は、受が上体を起こす時、薙刀を右体側に立て、受が立ち上がるのを見定めて、取は刃を下にし、立ち上がり正眼の構えを取る。

双方引き下がり、型に入る。

陰之薙

受は、左上段の構え。取は、左半身、石突きを前にして右手首を右腰に当て、下段脇構えを取る。

双方間合いを詰め、取は、薙刀を右体側に立て、左前腕と真っ向に隙を与える。

受が真っ向を斬り込むのを、取はとっさに体を入れ替えて下から受の両腕、咽喉部を斬り上げるのである。

祖父の教書では、概略このようだ。一般向けに易しくしたのだろう。

間合いが詰まり、緊迫感が高まる中、今しも受が上段から太刀を振り下ろそうとする、その機を捉え、取は左手首を柔らかく操作し、石突きで受の眼を掠めるように左回りに円を描いてやや右下方へ流し、面部および左小手に隙を与える。その左腕の操作は、もちろん胸の上下によらなければならない。

祖父の場合、ここからその動きは流れながれて見えなくなる。ゆっくりでも眼が追いつかない。それでいてきちんと止まるべき処は止まる。止まっていても居つかず淀みがないため、流れている。浮いている。足は床にひたと着いているのに体重がない。静止しているのに、眼が追いついた時は、次の動きを動いている。居つかぬということは、きちんと動いていて、止まっていても動いており、動きながらすべてが静止しているということだ。

筋骨太く四角い手首だが、この誘いをかける時の柔らかさはどうだ。付け入る隙など微塵もない。止まったところを狙って打ち込もうなど笑止千万、無用である。誘いを止まったと錯覚して打ち込もうとするのは愚かなことだ。それこそ向こうの思う壺、術中にはまったことになる。

またもし、そんな動きを見て取れたとしても、こちらの身体はいまだ同時には働いてくれない。止まっても働いている身体が、斬る態勢のままこちらが手を出すのを待っているではないか。こちらが動けば斬られるのだ。こういう次元、段階の人間を相手に術技を学ぶことができるのも型という理論を通すからである。稽古ゆえ、誘いの隙を与え損なえば危うい場面も生まれてくる。その危うさを少しずつ克服していくことができるのも稽古である。型という理論を学ぶ時、そこに求められるのは、技の完璧性のみである。

この第一動作は、左手の運用であるため右利きのわたくしはどうしてもぎこちなく、誘うどころか、本当の隙を与えることになってしまった。左腕を動かせば、それにつられて体も動揺し、隙を生む。ひとつ動いただけでそのつど隙が生まれるのだ。では、右はどうだとやってみたが、どうにもならない。祖父が再三、腰を固めることを強調していたことが理解される。固めるといっても力で押し固めるのではない。力の絶対否定が立ちはだかる。憧れの薙刀だが、これではまったく稽古にならない。しかし、それがなるのが型なのだ。

わたくしが子供の頃は、受に稽古を願い出る時は、必ずゆっくりお願いしますと声をかけて型に入ったものである。速い受は遅いこちらに合わせてくれる。黙って向かえば、試合と同じこと。動きの遅い子供が速い受には太刀打ちできない。少しずつ動かぬところ、癖などを手直ししながら上位者に受を取ってもらい、さらに歪みを取り除いていくのである。自分自身で矯正するのは、容易なことではないが、それが型を学ぶという原則である。ひとに言われて動くものではない。手癖、悪癖を指摘されたら、そのあとは自分で稽古をするしかない。思いつくまま気儘に薙刀を振り込んでみても、そこで得られるものは体育的な筋力に見合った即物的な速さ、体力でしかない。

身体が理論的に動くようになるまでは工夫などいらない。それは工夫ではない。我である。必要なことは、その難しさを古人の叡智として受け入れることのできる柔軟な素直さである。まぐれ勝ちを忌避し排斥することのできる、術への探究心である。

薙刀も速いもの

「稽古中、腰の固めを崩し軽い姿勢では術技を運用するにもその効果が少ないから、充分に腰を固めることに注意せねばなりません。」

「急激な動作の前後は我が体が前後左右に動揺しないようにしなければ、咄嗟の場合の敏速な変化に差し支えを生ずるものです。」

「この動作は身軽く、そして素早く行うように平常から練習しておかねばなりません。」

「なお、柄を持った両手は、けっして体側から離さないで充分に伸ばし縮められるだけの余力を置かねばなりません。その他、腰部、肩部、胸部に確固たる位置を保って、次の動作への掛かりを安全にしておかねばならぬ等の特別の注意がいるのです。」

以上、薙刀の稽古に対する祖父の注意事項である。これらの文章からは、あの祖父の融通無碍なる薙刀捌きを到底想起することはできない。言葉では何も伝えられない。が、このようなまさに「確固」とした稽古の積み重ねがあるからこそ、限りなく柔らかく、しかし腰構えに微塵の乱れもない体捌きが生まれるのだ。

わたくしが、いくら力を抜くということを強調しても足らないと思うのは、どれほど言葉で伝えてもそのようにならないからだ。だがそれでも意識の改革、身体運動の方向付けはできるだろう。しかし、それだけでは未だ本当のことを伝えられないが、そこに見えないものを掴むための理論があれば、本来あるべき姿としての型が蘇生するのではないか。

はたして、祖父の口からは柔術とは眼に見えないほど速いものだという言葉と同様に、「薙刀も、速いものだ」と言う言葉が聞かれた。

たしかに、一般的な運動でも腕力体力で間に合う程度の速さは出せるかも知れない。一度そうなるともうその力を否定した技を獲得するのはなかなか難しくなる。質の異なる速さを、力技で稽古をしてみても空しいだけだ。老齢の祖父の薙刀の速さを、力技でいつまで保てるのか。初めの一歩を過たぬように、とにかく力の絶対否定の世界を受け入れることだ。

飛違、そして勝色

(一) 飛違

受は中段の構え。取は、左半身、正眼の構え。

双方、間を詰め寄る。取は、薙刀の刃を、太刀の表から裏へと乗り越えて付ける。左手首を柔らかく使うことは言うまでもない。次いで、太刀を右前方へ跳ね返すと同時に刃を左へ返し、体を前に伸ばし、受の前脚（右足）を、一歩左足を引きながら薙ぎ払い、石突きを前にする。

受は、大きく飛び下がり右脚を引き上げて躱す。次いでその右足を大きく踏み込んで取の真っ向を斬る。

取は、左ひと足を踏み込み、右廻りに胴を払い斬り、右足を九十度体の左後方へ引き、右膝を着く。

受の太刀を撥ね返す時、多くは滑りが出て太刀をはじき返す動作とならない。ここではただ押し返すのではなく刃を同時に左向きに返す複雑な撥ねを使うのである。刃の返しと押し返しとがうまく同調しないと太刀を瞬時に払い返す働きとならない。

受の前脚を、受の後左方より前右方へ薙ぎ払う刃筋は、そのまま取の左後方へ向かって直線を走る。その反対に石突きが前に出て、受を制御し、それが左へやや流れたと見ると、受は真っ向を斬り込んでくるのだが、これはその薙刀の動きにより、崩され、思わず斬り込まされたのである。上体が流れ、居ないところを斬らされたその受の胴を斬り払うのである。この崩しを、何度でもくり返すことができて、

飛違

勝色

初めて技という。

(二) 勝色

長い物をより長くあつかい、相手をして間合いに入れさせない。これぞ薙刀と言わんばかりの特長を表す型である。まさに表薙刀型の掉尾を飾るにふさわしい。

このような型にふれることが出来るからこそ、流れながれて居つかぬ動きが生まれるのだ。受取双方の見えざる情報、複合的な状況の中で、取はすべてを先に抑えるようにして動くのである。

受は左上段の構え。取は左半身沈身で石突き前の下段脇構え。

双方、相詰め寄る。

取は、斬り間の直前に体の正面で薙刀を操作し、下から抄い上げるようにして体を入れ替えつつ斬り上げ、後方へ飛び下がり、右半身となり薙刀を左体側に立てる。このとき、右足は左膝に引きつける。

受は、下から斬り上げられた薙刀を避け、その構えのままひと足引き下がる。薙刀が返り、取の右正面が空いたのを見て、右ひと足を踏み出して太刀を正眼に下ろし、間を詰め寄ろうとする。

取は、すぐさま右足を前に踏み下ろし、薙刀を中段に振り下ろし、小手を牽制する。

受は構えを堅固にして、その態勢で後ろ足より引き下がる。

取は、右ひと足引きながら、刃を右後ろへ引き下げつつ、左腕を額に上げ、受を誘う。

受は、左ひと足大きく出て、太刀を上段に取り、間を詰め寄ろうとする。

そこを、取はまた第一動作同様に下から小手を抄い上げに、斬り上げるのである。これは、いつまでも果てしない繰り返しとなる。

ために、型では、この抄い斬りに左足を引いたあと、右足を左足に揃えて、両踵で右廻りに左半身となり、薙刀を右体側に立てる。そして、そのまま両手から下へ滑り落とし、石突きがとんと床に着いたら刃を下へ落とし、残心をなし、型を終える。

糸金の大事ということがある。相手の心を自分の心に写し取るがごとく、自分からではなく、相手の緩急遅速、前進後退、すべてに変転万化、縦横に応対するのである。いままでの剣術の型では、受は斬られ役だったが、ここでは、受を間合いに入れさせず、斬らずに終始するのである。

ここに至って、取はいつでも受を斬ることができるようになる。それはまた受自身の稽古にも言えることだ。かくのごとく、双方の伎倆により攻防の上下関係は連環して止まない。これが型の世界でおこる無限の技の奥深さである。

剣術編

第十一章　両刀居合詰

▼二刀のこと
▼特徴
▼両刀の頃
▼祖父の両刀
▼柄払　▼三方
▼太刀色

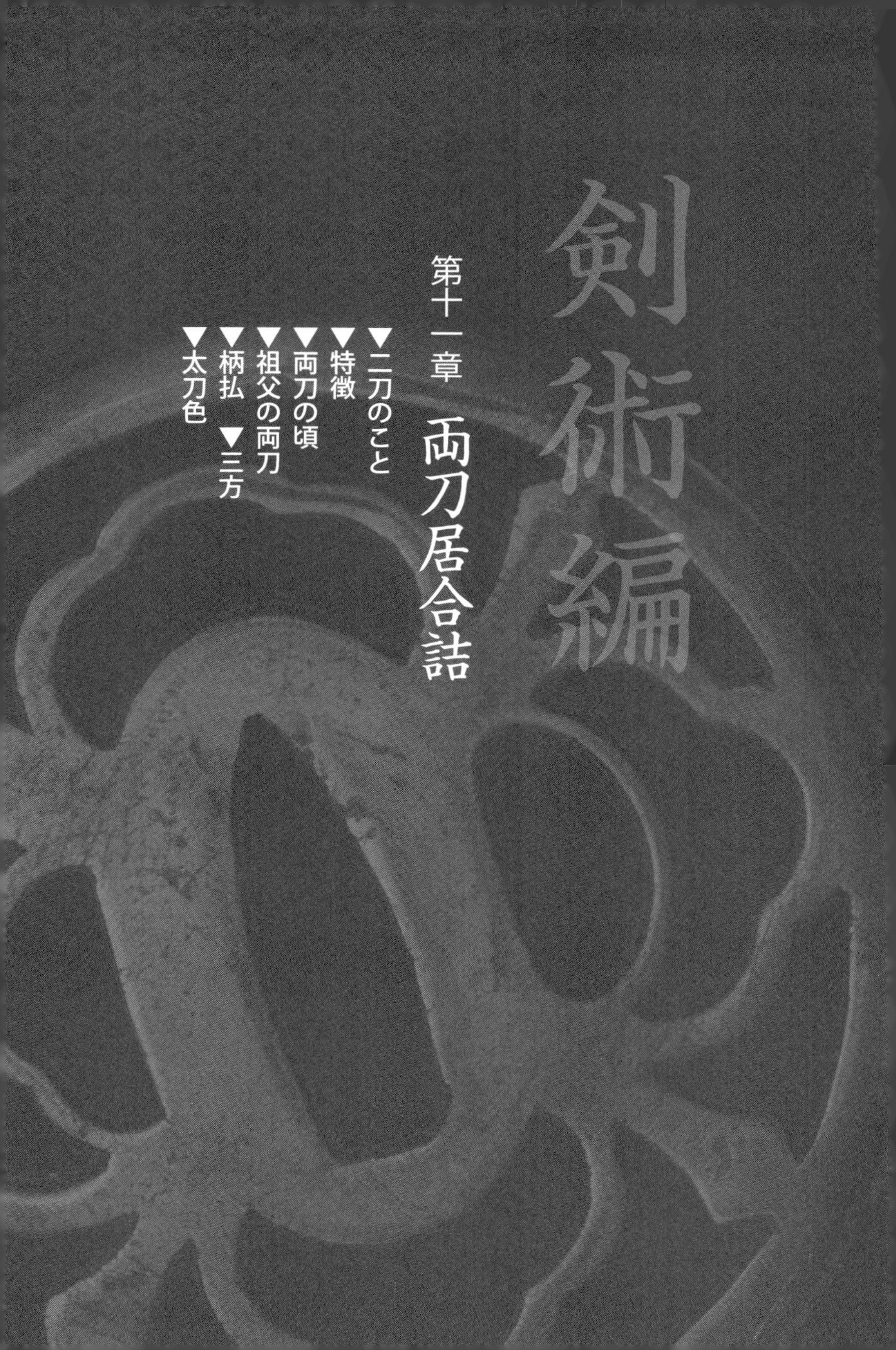

二刀のこと

両刀居合詰という名称のとおり、これは二刀を捌くことを学ぶ型である。ただし、太刀は、腰に差したまま、右手に小太刀を取って操作をするものである。

これは、何を意味しているのだろう。小太刀のみを抜いて、太刀は腰に差したまま敵に向かうという状況が実際の戦闘の場で起こりうるだろうか。わざわざそんな態勢で敵に向かうものだろうか。狭い場所で扱う術技だと言われれば、たしかにそれも一理ある。しかし、その時の相手も両刀で来るのか、いや太刀一本で来るのではないのか。それならこちらも太刀で応ずることが可能ではないか……。

型を実戦の雛型と捉えると、このように収拾が付かなくなり、その真意が失われる。繰り返しになるが、型は実戦の雛型などではなく、体系立てられた理論として捉えるべきものなのだ。両刀居合詰という、既定段階の理論なのだ。ここからさらに先に、奥の型が待っている。

この辺りの型に入ると、いかにも型という世界の奥深さを実感するところである。実戦的観点から云々などという論は雲散霧消。ひたすら自身の身体が武術の術たる世界をどれだけ体現することが可能であるかという探究心のみとなる。いままで知らなかった動きを知り、それが出来るようになり、さらにその奥を知り、ひとの動きというものの不思議さ、面白さを知ると、それをさらに学び育てることの悦びしかなくなる。

いままでは、一つの武器を両手あるいは片手で操作することを学んできたが、ここでは、同時に両手で左右それぞれの武器を扱うのである。それぞれを個別に、である。その動きを身体の動きに確実に同調させながら、それぞれがまったく異なった別個の働きを担うのである。とはいえ、太刀ひとつにしても実際は左右の手がそれぞれに充分に働いてひとつの動きをなしていたのである。そのような観点からは、たしかに剣の延長上の技法のひとつが両刀の型であり、それが剣そのものをまた推し進める要素となるものであると見ることもできる。

特徴

型は理論であるとの立場からすれば、特徴など何も無い、というのが持論である。

とは言っても、名称に居合という文字が見えるように、右手に小太刀、左手の太刀は帯刀のまま操作をするところ、あるいは体の入れ替わりに際し、一旦前足に後ろ足を寄せてから、その足を踏み出すところなど個々の形態や動き方の差異について述べることはできる。が、理論はまったく変わりなく、差異はない。

重量のある太刀を、帯刀のまま抜かずに体捌きによって操作をするというのは、合理的であろう。そして、右手の小太刀の構えは、順、逆があり、小太刀術と同じである。

両刀居合詰は、小太刀より上位の型である。いま、同じと述べたが、その運用術技は異なる。ただ、両刀で仗俩が上がれば、小太刀は両刀居合詰の小太刀となるため、上位のものから見れば、小太刀の操作は、同じものと言える。下からいま登っている者にとっては、上位の型はすべて別物と認識しなけれ

両刀の型

小太刀は右手に持ち、太刀は、帯刀のまま柄頭での当てを多用する。

ば、すべてが形骸と化す。表から奥まで何百本型を知っていようと、それでは実質が伴わない。一般的には、頭では上位にある型だと理解していても、その難しさがどこにあるかが判然としない。ために、小太刀を終えたものが両刀にはいると、残念ながら小太刀の段階の動きになってしまう。先に述べたように、体の入れ替わりは、ひと足を入れ替えるのではなく、ひと足を二つに分けて一歩を踏み出すのである。この足の寄せが難しい。出るのも難しい。だから、小太刀とは異なるこの体捌きが稽古の主眼となる。だが、それでもその難しさが当初は見えない。

居合詰とあるように、相手を詰めるための体捌き、足捌きを学ぶものである。まず、この型は何を教えようとしているのかを理解しなければならない。そのことにより、自分がどう動けば良いのかが明らかになる。されば、動いた自分と、型の要求する動きとの差異が明確な不満材料として眼前に現れる。上へ昇るということは、なかなか容易なことではない。型のどこに相違点があるのか、そのことによる難しさとはどういうものなのかを知らなければ、見つけなければ、稽古の意義も見いだせない。

古い先輩は、こんなことを言っていた。祖父との竹刀稽古で、竹刀が打ち込まれる以前に、ふわふわ、するするといつの間にか身体そのものが詰め寄ってきていて、打たれた後だった、と。そんな足捌き、体捌きは、型を錬ることによってしか身につけられないと、わたくしは信じている。

こうして身体の理論化が進めば、受けがなくなり、受けと攻撃がひとつになる。そのためのひとつの階梯が、二つの武器を両手で扱うことのできる身体を養うための両刀居合詰なのである。このような別次元の難しさを味わって、初めてその先に無手の世界の存在することを身近に感ずることもできるのである。

小太刀の砂巻で、受け流しと押し返し、小手斬りとがひとつのもの、しかも点の間の技にならなければならないと述べたが、それを本当に理解できるのも、この両刀であらためて四苦八苦することによる。両手が小器用に、それらしく個別に順次動いてみても、何ら技にはならない。

こうして型の階梯を昇り続けることにより、型がすべて極意の動き方として動けるようになり、日常動作が非日常化され、動けば業となると言われる常態となり、型が型ではなくなるのである。

いきなり、太刀の上下だけで、何もせずとも勝てる、と言われても得心しがたい。超絶技巧を日常のものとしたうえで、表す技を極意というのだ。あらゆる技巧を廃した技が極意だという意味を深く考える必要がある。言うまでも無く、あらゆる技巧というものを、どこまで自分自身が身につけているのかを自問しなければばならないだろう。

両刀の頃

二十歳代後半の頃か……。両刀の型に入り、弟子を相手に稽古をしたが、どうもうまくいかなかった。相手の太刀を受け、払う時、その太刀が左手拇指に当たる。当流では太刀、小太刀等に鍔は付けない。きちんと受け流して受けてから、払いあるいは巻き落とせばよいのだろうが、わたくしは竹刀で打ち合うのと同じように速い稽古がしたかった。速い稽古といっても、勿論、眼に見える速さしか知らなかった頃のことである。その上、双方に自覚のない力みがあった。そのため速さのずれたところで、衝突が起こった。このような稽古で速く使えたとしても、結局それは、華法稽古でしかない。当時、少なくともわたくし自身は、本当のことをやっているつもりだったが、術とはほど遠いただの運動でしかなかった。

そんな剣術だから、柔術も同様だ。ただ型の手順通りに、固い稽古をしていた。受に受けを取ってもらわなければ、崩して投げることなどほとんど不可能だった。「やわら」、「軽く速く」などという言葉は知識としてだけ頭にこびりついていた。

そして、柔術の見直し作業により、次第に動きも変わりはじめ、速さの質も変わった。だがやはり、速く動きたいという気持から、自分勝手な早動きは相変わらずであった。

柔術の稽古が剣術を引き上げると言われるとおり、型とはそういうものだった。あくまでも相手の度に合わせて、その少し上で動くことにより上々の結果を得ることができる。自分勝手な速さでは技には結びつかないということが実感されるようになった。全速力を上げて自分の稽古ができるのは相手が上位のときに限られる。一人で稽古をしていた頃、いい稽古相手が欲しかった。わたくしと同じ伎倆の兄弟でもいれば毎日相手をしてもらえたのにと思っていた。何を焦っていたのか、ないものねだりのわがままであった。ああ、そうけぇ（宗家）と言われるようなわたくしが上へ昇るには弟子を、それも大事な稽古相手としての弟子を、一緒に育てていくしかなかったのである。

祖父の両刀

いよいよ祖父から絵伝書をもらい、勇んで両刀を開始した。短い説明も付されているが、よくわからない。順序はよいが、動き方がわからないのだ。自分のいままでの動き方で動けば、いくらでも動けてしまう。様子を見に来た祖父に聞いた。

……これでは、いくら極意書などを見ても出来るわけがない。極意とは日々の稽古のなかで培われるものだ。直に師の謦咳に触れてこそ、身に染みるものだ。軽やかに動く祖父の身体は、晩年で肥えてはいたが重さがなかった。わからなかった動きを、まさかそんな雰囲気、拍子で小太刀を捌くとは思いもよらなかったのである。

伝書あるいは型の注釈書などというものは、ある程度の稽古を積んだ者が見れば、誰がやっても大差の無い形が出来上がる。そこには、緩急、硬軟さまざまの型が出来上がるだろう。この伝でいけば、はじめから極意の型を集中的に学んだほうがよいと誤解される。読み取ったとおり、教えられたとおりに行えれば、という条件を軽々しく見誤った結果である。そして、正しく動けたつもり、できたつもりでその型をつかってみて、現実には到底つかえない役に立たないもの、とさらに誤った判断を下すことになる。使えないのは自分自身であり、役に立たないのは自身の身体である。

すでに述べてきたとおり、それらは技でも何でもない。加齢と共に衰えるただの運動である。たとえ優れた運動神経に支えられたものであっても、理論のないわがままな動きは武術とは言えない。少なくとも当振武舘黒田道場においては、そのようなものを技あるいは術技とは認識しない。いや、させてもらえない環境が今日に再現されている。とくに型においてその伎倆を評価、判断する場合は、動きの遅速に関係なく、動かずにいて速い身体がなによりの基準となっている。

型稽古というものは、新しい型を手渡されたとき、その難しさを少しでも感ずることが出来なければ、形骸と化す。本来、型をくり返し稽古するということは、形骸を生き返らせるための営為でなければならない。両刀の段階は、表の薙刀の上位にある。それは、何を意味するかは、すでに論を俟たない。

柄払

取は、左半身沈身にて小太刀を不動剣の構え、太刀は居合構えにて間合いを詰め寄る。

受の真っ向斬りを、左足ひと足すり込んで太刀と小太刀を頭上で挟むようにして柔らかく受け、右足を踏み揃え、左手柄を左斜め下方に払い落とし、右足を半歩出て体を開いて右半身に変化し、留めを打つ。

型の手順は、この通りである。誰にでもできる手順として見れば、これ以上でもこれ以下でもない。しかし、それを我々は形骸として忌避している。

双方間合いを詰め寄り、受が機を見て我が真っ向を打ち込まんとするが、その瞬前に同じ歩法で間を詰め寄った取は、その面部を同時にさらすのである。ひとつ間違えると、そのまま真っ向唐竹割に斬られて終わることになる。そんな緊張感を含ませながら、型は進むのである。

この間合いを詰め寄る二歩目で、すでに状況の逆転が働かなければ、小武器である小太刀を主体とする両刀の型は存在意義を持たない。逐次述べてきたとおり、このこと自体はすべての型に通ずる。受が斬られ役という意は、すなわち稽古における引き立て役であって、ただ斬られるだけの形を見せることではない。その部分が稽古になければ、いたずらに形骸をくり返すのみとなる。

取の、このひと捌きで、受の斬撃は無効化される。受は、取の体捌きにより、斬撃の直前に防御に追

両刀居合詰　二本目「柄払」

い込まれたのである。本来は、天から地を貫くひと太刀で、すべてを決すべく振りおろさんとしていた太刀が、防御のためのただの刀剣とされてしまったのだ。

ここに型の意味のすべてが存在している。つまり、見えざる世界の状況変化である。次いで、足を寄せ、打ち太刀を払い落とすのだが、それぞれに難問が立ちはだかる。

足を揃える時、受の太刀に干渉しないように体をにじり寄せなければならない。僅かでも抵抗が生ずれば、受は咄嗟に太刀を変化させてくる。力の絶対否定のもと、我が身体を消して入るしか道はない。払い落としに関しては、肩、肘、手首の三関節が同時に働かねばならぬと分かっていても身体が理解をしてくれぬものだ。三点同時の働きを、胸の落としによって行わなければならない。そこには見えざる直線が生まれ、受はさらに大きく上体を崩すのである。

三方

型の手順がひとつ増えただけで、人の身体というものは、なかなかそのようには動いてくれぬものだということが、この型であらためて痛感される。いままで充分に稽古をしてきたと思える型にひと動作が加わっただけで、こんなにも調子が崩れ、ぎこちない動きしかできないものかと落胆させられる場面である。その乱れは、受の恰好の餌食となる機会だ。

三方は、小太刀の砂巻と同じ使い方である。が、同じであると思わないほうが良い結果を得られることは、すでに述べたとおりである。

受は、左上段の構え。取は小太刀を不動剣の構えにて太刀は帯刀の居合構え。腰を落とすこと同様である。

双方間を詰め寄り、受は機を見て取の真っ向を斬る。取は、左半身のまますり込んで、小太刀を頭上に引き上げ、柔らかく受ける。この時、左手柄頭を同時に引き下げる。

次いで、右足を踏み揃え、小太刀にて受の太刀を直線に撥ね返し、小手を斬る。左足に重心を移してから右足を捌くのでは手遅れとなる。この時、同時に左手太刀を胸に引き上げる。

受は、小手斬りを回避し、左八相に変化をする。即座に太刀を取の両脚めがけて斬り込む。

取は、右足を一歩引いて左半身一文字腰となり、柄を小太刀の物打ち当たりに添えて受ける。

受は、さらに太刀を左より返して取の真っ向を斬る。

取は、小太刀と柄で斬撃を挟み込むようにして受け、右足を踏み揃え、左手太刀の柄で受の太刀を斜め左下方へ払い落とし、同時に残り右足踏み込んで真っ向を打つ。

以上、これまた、文字列としては、ただの形骸を表すのみである。身体の理論化を目指せば、諸種の説明の語句の一般的解釈による身体運動のすべてを否定しなければ、その動きの真意を掴むことは出来ない。理論の要請により、受けない、下げない、撥ね返さない、引きつけない、等々となる。普通人の動きを基準とすれば、どうしてもこのような言葉を添えるしかない。

この両刀居合詰という型には、左手の太刀の捌きが小太刀とはまた別の形で加わってくるため同調さ

両刀居合詰　三本目「三方」

せることも難しい。さらに、それらの動きのひとつひとつを消していかなければならない。身体がひとつの動作を行ったとき、その手足体の動きを見定めることが不能な場合のみ、それを技と呼ぶのである。

左の太刀捌きについて見てみると、

受の初太刀を受けるとき、取の太刀（柄頭）は少し下がる。受の太刀を撥ね返すとき、太刀は再び上がって胸に寄る。そして、受の足への斬撃に対して太刀の柄を小太刀に添えるため、下げる。

これら三動作の左腕の変化は、積極的に動かしてはいない。体の変化にのみ追従して、最小限に上へ、下へと動くだけである。その空間においては、大きく動いているが、傍目にはほとんど手を動かしているようには見えない。したがって、小太刀の型で、上下の動きを前後の動きと見誤ったように、ここでも同じ過ちを犯すことになる。小太刀を前後に動かしているように見えるという事実と、本来どう動くべきかという真実とはまったく違うのだ。

振武舘において、安易な見取り稽古を排斥する所以である。直伝による教えを受けたものだけを、脇目もふらず精魂を込めてくり返し修錬することだ。その自己の稽古の範囲内においてのみ、見取り稽古は存在する。とは言え、そんな時間があれば、ひたすら自分の稽古を動くべきである。

太刀色

祖父に教えられ、印象に残っている型のひとつだ。

受は、座構えにいる。取は、陰剣の構えで間を詰め寄る。

受がまさに太刀を抜き付けようとするとき、その柄を小太刀で抑える、というのが型の起こりである。居合の座構えにいる受に対して、詰め寄ることができれば、もう上位である。稽古の必要はない。そんなことを考えれば、この型は、稽古のしようもない。上位の人間が座構えを取っているのだ。その間合いに、どこまでどうやって近づくことが出来るのか。近づくことが出来て初めてこの型を、型として稽古できるのではないか。こちらにはまだ座構えの相手に近づく術技がないのだ。その伎倆の差を埋めるまで待ってくれ、と頼みたくなるほどだ。しかし、それでは、この型を学ぶ意義が見いだせない。何を持って伎倆を上げるというのだ。この型でこそ、その伎倆を上げるための稽古ができるのではないか。と、いうことで、受は我を引き立ててくれる、斬られ役なのだと観念しなおして、型として受に立ち向かうしかない。

順体を保ちつつ、上体を前に深く倒し、右肘を曲げて受の太刀の柄を抑え、下げる。

受は押し下げられた力を利用して、下へ太刀を抜き放ち、左手を峯に添え、左足ひと足踏み込んで斬り上げる。

両刀居合詰　六本目「太刀色」

取は、その腰構えのまま両足一歩引き下がり右足をやや寄せて斬撃を躱し、右腕を水平にして太刀を受ける。

受は、即座に太刀を左より返し取の真っ向を打たんとする。

取は、左足をすり込みつつ、右腕を返し頭上で太刀を受け、そのまま右下方へ払い落とし、左手柄頭にて受を突く。

取は、以上の動作の間、左手の太刀を胸に引き上げ、また引き下げ、柄頭で目付などしつつ、左右の手が同調してよどみなく働かなくてはならない。

稽古の場で、わたくしが受の時、ただ待っていれば稽古は始まるが、間合いが近づくに従い、弟子たちは淀み、あるいは動作を止めてしまうことがある。みな状況の変化が見て取れるからに他ならない。これでは稽古にならない。しかし、そんな環境が日常となり、稽古ができるのだからありがたい。ただ形骸を動くことのむなしさは確実に避けることができる。その一歩を如何せん。そのひと動作を如何せん。ということに集中すればするほど、往時の侍の稽古をなぞることが出来るのだ。

かくのごとき型の世界でこそ、際限なく上昇志向の稽古ができるのである。

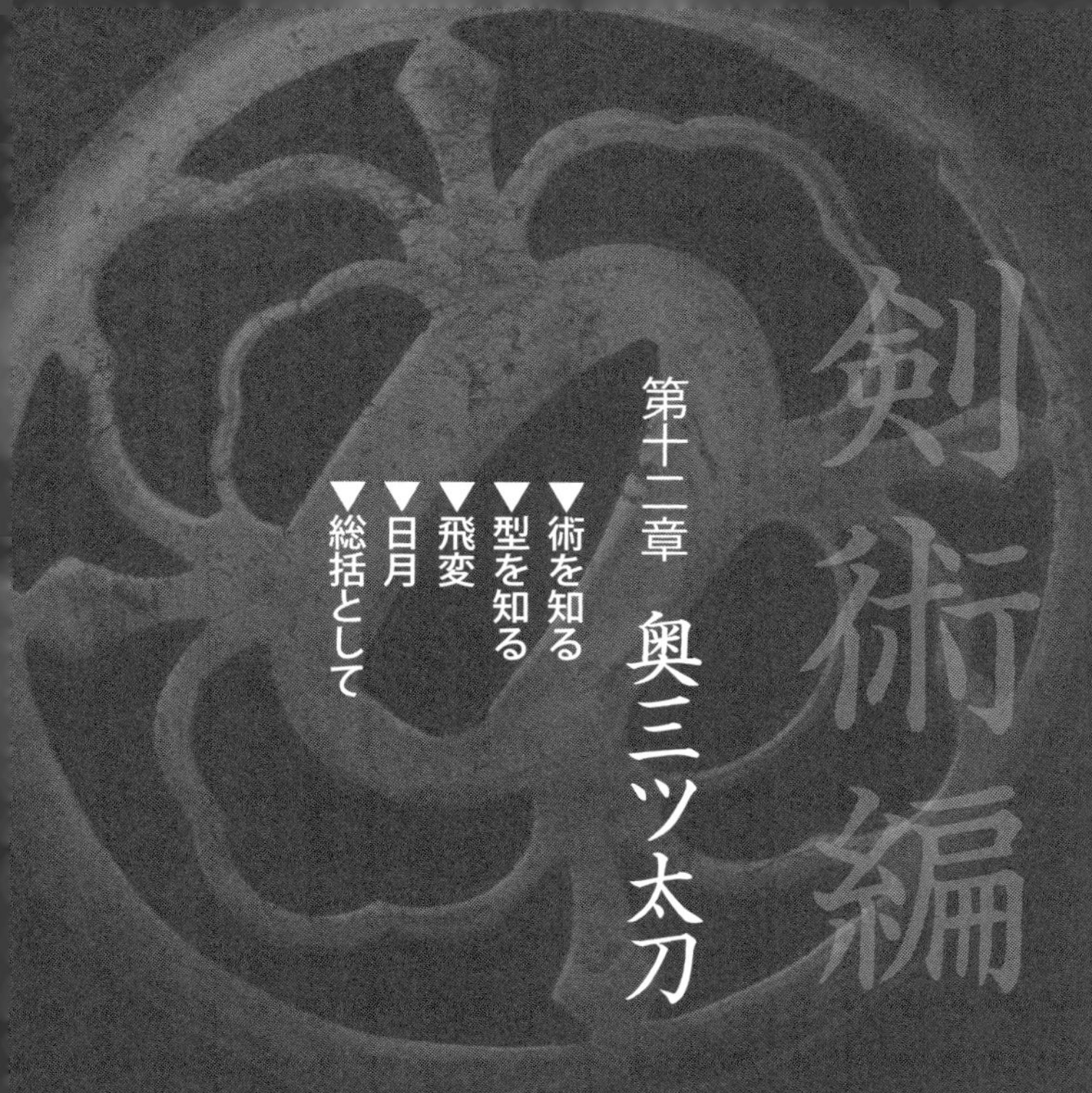

剣術編

第十二章　奥三ツ太刀

▼術を知る
▼型を知る
▼飛変
▼日月
▼総括として

術を知る

「いい稽古は、するがなあ……。」

ひとり、奥太刀を稽古するわたくしに、祖父がふともらした。

その顔は、いつものごとく微笑みをたたえていた。

昨日のことのように、いまもその言葉はわたくしの耳についてはなれない。

その言葉のあとは、言われなくとも自分の体がよく知っていた……。


祖父の代わりに、京都の演武会に向かった。

「鉄は、やってくるよ……。」

と、父に、そう言って喜んでくれていたそうだ。

祖父の眼には、この孫の鉄山は当時何が出来ていたのだろうか……。

満足のいくことは何もできず、なにもやってこられなかった思いしか残っていないのに。


そのころの道場では、通いの子どもたちに、木刀をへし折るような厳しくも粗野乱雑な稽古をつけていたが、いざ自分の稽古をしようとすると、生来の鈍重が稽古を暗澹とさせた。

そんな二十六歳のとき、祖父は亡くなった。

それから約十年、代わり映えのしないまま時が経った。

『柔術がせんに先にと剣術を引っ張っていくものだ。』

祖父の言葉が現実のものとなった。

柔術の見直し、手直しに入ってからわたくしの身体は日ごと夜ごとに変化をし続けた。一旦、術という細糸の端を掴めば、あとは時間をかけても紡ぐだけのことだ。術を教えてくれるのは、もうそこにいない祖父ではない。その祖父が伝え遺してくれた型である。ひたすら型を稽古すればよいのだ。

そして、柔術《やわら》の何たるか、流儀を伝えることの何たるかを自覚した頃、わたくしは武術的身体の何たるかも理解した。四十歳を越えて、遅速不二、自分の速さがどのようなものかも自覚するに至った。自ずと稽古風景も一変した。あの体の重さは、いつしか無くなっていた。遅く固い身体は、いったい誰のものだったのか。還暦を過ぎた今日から比較すれば、まだまだ変化変身途上の未熟な身体ではあったが、たしかに次元の異なる世界で、夢中になって稽古を愉しんでいた。そんな稽古により、まさか年齢を重ねるごとに速くなれるなどとは思ってもいなかっただけに、つい顔がほころびる。

時折、父が言っていた。「特に居合に関して、あれほど口うるさい祖父《おやじ》が黙って見ていたのは、息子《てつ》だけだ」と。

ある時、今まで稽古などしたことのない妹が居合なら稽古してみたいとわたくしに言ってきたことがあった。さっそく型を教えたところ、たまたま祖父が顔を出した。とたんに、弟子に対するいつもどおりの口調でその稽古を誹《そし》った。たったいま稽古を始めたばかりの、かわいい孫娘に対して、まさかそのような物言いをするとは思ってもいなかっただけに、わたくしは驚いたものだった。……なるほど、祖父の眼には、孫云々以前に「型」しかそこには存在していなかったのだ。妹は、即座に稽古を断念した……。

わたくしの小さい頃から、ただ笑顔でじっと稽古を見守ってくれていた祖父は、いまのわたくしをとうの昔に見越してくれていたのだろうか……。

型を知る

奥三ツ太刀は、その名に奥と付くが、まだ極意の型ではない。これもまだ階段の途中でしかない。太刀、実手、小太刀……と昇ってきて、ようやく表の太刀の裏へたどり着いたのだ。それぞれの型の伎倆をもって臨むものでなければならない。

いい稽古はするのだが……と、言われていた頃のわたくしは、表の太刀に毛の生えた程度のことしか出来ていなかった。いや、ただの形骸を、奥の気になって早使いしていただけだったろう。実際、実手、小太刀が苦手だったわたくしは、それらすらも太刀の上位の型として使えていたかどうかもあやしい。そんな不鍛錬、未熟で奥太刀などまことにおこがましいかぎりだ。それは、知らないから出来たことである。型などやってもせいぜいそんな程度しか自分にはできないものと思っていた。

型が大いなる遺産となるかならぬかは、型とどのように向かい合うかで決まるものだ。型という文化遺産の認識如何で、真の自分を掴み損なうことにもなる。

型は、術技を得るための理論であると認識してから、わたくしの稽古はすべて変わっていった。型が厖大なる見えざる術技というものを教えてくれた。打てば響き、聞けば答えてくれるものだ。型は、けっして裏切らない。祖父が、稽古は自分でするものだ、と言っていた。いくら教えられても、我流ではどうにもならない。そんな型との対話は、すなわち自分自身への問いかけである。型の問いかけを、素直に聞ける心が無ければ、けっして自分と向かい合うこともなく、知ることもない。

飛変

本来は、奥三ツ太刀とあるように、三つの型名から組み立てられた型である。すなわち、目附、日月、神当である。そして、目附の型は六本ある……。それでは煩わしいので、六本ある目附の一本目を、祖父は飛変と名付けた。その動きから、如何にもと思わせる命名である。

表の涎賺は、歴史的な経緯から極意の一手にも関わらず、表の第一本目に置かれたことは、すでに述べたとおりである。が、そこでは表の組太刀という基本性ゆえ、最大最小理論に則り、両肘完全伸展で太刀の操作を行わなければならなかった。が、初心のうちは、どうしても肘が曲がりやすく、消えるどころか、そのぶん太刀が回って見える。半身から半身の動作ゆえ体もまわる。動けば、必ずそこには隙が生まれる。そんな致命的な隙を生じさせないための体捌きを修錬する日々となる。日時の経過と共に、身体の非日常化が進む。ようやく表太刀の裏の稽古が出来るようになると、それは奥太刀となる。奥太刀を稽古して奥太刀になるのではない。表も裏も、そして奥も、すべての理論化が進み、ようやく人と

奥三ツ太刀　一本目「飛変」

しての術技が整うのである。

ある時、祖父が素振りをおこなった。いかにも木刀で軽く調子を見るかのようだった。他では眼にすることのない、柔らかくまろやかな動作であった。両肘は柔らかく屈曲して、太刀が生きているかのように左右へくるくると円転していた。そんな素振りを眼にしたのは、その時が初めてであった。草体法とでも言うべきものだ。円転と言ったが、けっして手をこね回すようなものではない。生きているかのように見える太刀の振り扱いなのだ。手の操作など消えて見えるわけがない。見て盗りたい大事は、大事ゆえに見えない。

このような素振りを初心のものが見て、型でもこのように肘を曲げてもよいものと誤解をすると、たいへん危険である。肘を少しでも曲げれば、相手の太刀が肩や腕を打ち、あるいは自分の太刀が撥ね飛ばされる。身体そのものが術技的な働きを得ないうちに、上位の稽古を真似しても無意味である。受け流しの両肘完全伸展は、肩の損傷を防ぐばかりでなく、重い真剣を敏速に扱い、しかも消えるための重要な基本である。それが、上泉伊勢守が駒川太郎左衛門国吉に厳しく伝えたところの位五大事之教えである。速く、小さく鋭く動くには、半身、沈身、両肘完全伸展で最大に動くしかない。

初めから剣を柔らかく扱えれば、何も問題はない。多くは、自覚のない問題おおありの稽古が行われている。わたくしは、柔術によって、剣術の柔らかさを知った。剣に柔術の柔らかさの必要性を理解することが出来た。そこで初めて、祖父の岩盤のような身体が有する不思議な〝あの柔らかさ〟〝あの速さ〟を身体で理解することができたのだ。

点の間の攻防を祈念しよう。その点滅のひとつひとつが動作の連続となるように。剣の一瞬の光芒に、

すべてが終わるのだ。その究極が無手となる、

それこそが武術の本旨とするところだ。武術の目的は闘いにない。暗黒星雲のごとく、そこにあるのみ。なすこと無きを勝ちと知るべしと居合術歌にもあるように、戦わずして平穏にことを治めるためにこそ、生死をかけて修行を積むのだ。

この飛変という型を、いかに講述すべきか。これまでの型々の説明に当たっても内心、忸怩たるものを感じつつ筆を進めてきたが、ここに至って、ついに言葉を見いだせない。型の手順を書き連ねることはたやすい。しかし、それはまさに形骸である。型を言葉にすれば、即形骸を表すことになるとは、すでに述べたとおりである。形骸をいくら言葉で連ねてもその本質を表すことはできない。わたくしは、すでにくり返し、型は理論であると述べてきた。型により、手の上げ下げから足の踏みようなど、それらを非日常化、すなわち身体を理論化することこそが、まさにその型がそこに在って在るべき本来の姿を現すときなのである。

祖父泰治の剣術教書に曰く、

『……その時、右足を一歩踏むと同時に、我が太刀の剣先で相手の左胴から打ち込みを入れて、右乳下を斬り払うのですが、……打ち込んだ太刀と共に右足を踏み込み、さらに左足を送りながら引き払いにして、相手の右後方へ飛び抜けながら、相手の太刀の届かぬ位置までひと飛びに払い上げて抜けることが肝要であります。いずれにしても受の真っ向を打つと同時に、間髪を入れぬ早業で飛び抜けることの出来るだけの修行をすべきであります。』

遅速不二の正しい動き方を、このような言葉からどうやって学ぶのだろう。ゆっくり動いても、ここに言う間髪を入れぬ早業で動くことができるなどと未熟な若者が悟ることなど思いもよらぬ。この歳になってようやく言えることだが、物理的な速さには関係なく、正しく動ければ、その間の完璧性ゆえ、感覚的にはたしかに速く動けていると実感できるものだ。とにかく型を手放さなければ、型が次元の異なる世界、力ではいくことの出来ない世界、すなわち動きの抽象化の世界へと導いてくれるのである。

日月

日月と称する七本目、八本目の型を、祖父は陰剣、陽剣と表した。改心流の八相の構えからの変化を学ぶものである。表の型で八相からの変化を三本学んだが、身体の大きな変化と移動、間の変化、速さはその比ではない。

このような稽古は、脚力のないわたくしは苦手であった。身体を大きく前後左右へ移動させるなどということは、強く俊敏な脚力をもってしてもなかなか容易なことではない。それだけに、若い頃はあまり、いやほとんど稽古をしなかった。出来なかったのだ。

それが次第に、武術的身体が身近に見え始めるほどに、動けない理由が理論的に認識できるようになり、普段の稽古が理論に適った動き、形となることにだけ集中するようになった。動きの遅速とは何をもって判断されるのかを知った時、祖先からの大いなる遺産、血の流れを実感した。流儀というものを、身体を通して初めて理解した。たしかに、それはまさに、おのれ自身の内に存在しているものだ。だが、それは未だ無いも同然だ。在るが、ない。それは、武術的身体を獲得して、ようやく在って有るものとなる。

その身体は、型に存在する。

概略、次の手順である。

双方、改心流八相の構えで間を詰め寄る。

小手を斬り合い、勝ち太刀を争う。

取、右足を前へ滑らせ、入身に突く。受は、右ひと足を引き、体を開いて躱し、左上段となる。

取、そこを取って、さらに右足をやや左前方へ滑り込ませ、太刀を右より返して受に真っ向を斬らせる。

受は、虚を取られ取の真っ向を深く斬り込む。取は体を入れ替え、上体の流れた受の右背部を斬る。

受取双方の伎倆により、定型はない。が、型である。取は全力を尽くして、型どおりに受をして居ない処へ打ち込ませ、そこを斬り留めるのである。受が終始不利となるように追い詰め、虚を作らせ、虚を呼び込む稽古を積むべきである。

斬らんとして斬らされた受は、当然負け太刀となる。だが、そこを勝ち太刀と変ずることもまた術技であって、それはすでに受の領分として含まれている。この速い受に対して、その間を与えずに防御に追い込み、斬らせるのだ。その間、身体、太刀の変化を消すことを専一に学ぶのである。

したがって、型の手順はかくのごとくであるが、双方の伎倆により、先々の先となり、互先の先とな

奥三ツ太刀　八本目「陰剣」

り、また後の先となる。いずれの先であろうと先に変わりはない。相手にただ応じただけと言ってもよい。相手があっての変化であって、そこに我意は働かない。我が身体、心がそこにあってはならないのだ。そこに居て斬られるような身体をこそ、否定するのが剣の稽古である。

総括として

当振武舘の流儀において、その身体理論についてはすべて同様であるが、剣術編の終わりに際して、総括をしておこう。

（一）基本素振りとしての輪の太刀における最大最小理論

基本が大事であるという意味は、その理論が極意まで通じているからに他ならないということを何度でも繰り返しておきたい。

重量のある日本刀を効率よく、しかも最大の運動量を保ちつつ速く振り扱うにはいかにしたらよいのか。また、受ける太刀とそこからの反撃との連関性をどのように捉えたらよいのか。そこから導き出された運動理論が最大最小理論なのである。

ただ単に観念的に「基本だから大きく動く」のではない。そこでは最大に身体を働かすことによって、最小の動きを獲得できるからに他ならない。

一般的には、誰でも身体手足を大きく動かせば、ただいたずらに大きくなってしまう。大きな動きに対して、速さはもちろん小さく鋭い動きを要求することはできない。しかし、そこに命が懸かっていた往時の侍たちは、そんな要求を術という次元の身体運用理論にまで昇華したのである。

あるひとつの動きに対して、最大であると同時に最小でもあるという矛盾した表現手段をもちいて術というものを表すとしたら、術と呼べるほどのものは、すべて矛盾である。その世界では矛盾しか存在し得ないとさえ言える。立って立たず、座って座らず、居ていない身体などとしか表現のしようのない状況、状態がこの世界の日常の姿、在りようである。それを頭で理解しようとするほうが、大いなる矛盾なのだ。

武術とは、稽古が主体なのだから、ひたすら修行をすればよい。それが理論の実践である。最大最小理論などと命名して現代の言葉で表したのは、わたくし自身であるが、それそのものは、侍たちが当家に遺してくれた身体の文化遺産なのだ。しかし、その正しいとして伝えられた型は、現代の一般的観点からすると不正とさえされるものだ。何をもって不正と看做すのかまったくわたくしには分からない。そこに命を懸けた侍たち、いや曾祖父や祖父たちが流祖以来、正しいとして伝え来たったものを、わたくしの代で現代風に改変、改悪させることなど断じてできないことである。もし、形を少しでもゆがめれば、高度な理論はすべて失われることになる。

ある一定の動きの中、たとえば一歩を踏み込み斬撃をなすといった条件の中で、どのように動けば相反する条件のものが、理想とするある一つの動きとして表現されるのか。

歩法について見てみる。正面を向いてひと足を出すより、半身一文字腰のほうが、はるかに大きい歩幅を得ることができる。次に、この半身から半身という大きな一歩の中で刃筋を通して太刀を振り扱うにはどうしたらよいのか。太刀を振り上げ、振り下ろすとすれば、半身の運動により刃筋はたいへん通しにくくなる。ひとつの方法として正しく刃筋を通すためには、足を踏み出しながら太刀を操作するよりも足が着くときに振り下ろすほうがより刃筋を通すことができる。しかし、それでは、太刀は最大の運動量を得られない。そもそも重量のある太刀を上下（前後）に振るということ自体が筋力を要する無駄な往復運動となってしまう。

ここに廻剣理論が編み出されたのである。太刀を円転させるということは、大きな斬撃力を保持したまま太刀が相手に向かうことになる。しかも太刀は回って見えるが、その操法は直線運動に支えられた最小の動きである。しかも、この一定の条件の中で、斬撃のための両腕の上下運動は行われていない。いや、体捌きにより振りかぶりの動作が吸収され、その動作は相手の太刀を受け流すための動作となっている。そして、次の斬撃のための、体捌きによるひと足の踏み込みでは、両腕の振り下ろし運動もその体捌きに吸収されているため、両腕の斬撃運動の必要がなくなっている。太刀を振り下ろしていないのだから、相手にはその斬撃は消えて、無いに等しい。斬撃動作もないのに、いきなり太刀が眼前頭上を襲うのだ。

このように、最大に動いているのだから、その運動量は最大を確保する。そして、それぞれの動きは直線に支えられた最短の動きを保っている。しかも身体に対して両腕は最小の動きしか行っていない。そこから消える動きをも獲得している。最大で最小を得、最短最速を得、最強を得ている。

だが、そもそも剣というものは、静かに引いても斬れるものである。理論としての最大の運動量というのは、基礎理論としての結果に過ぎない。遅速不二、ゆっくりと静かに動いても武術的な状況の逆転

廻剣素振り

を得ることのできる理論体系ゆえの無手の勝利、勝ち負けのない世界が具象化されるのである。

(二) 等速運動および直線運動

直線、ということを強調したかもしれないが、まさに真の直線は、真だからこそ見えないのだ。眼に見える直線の動きは、形骸でしかない。そんな見えざる直線および等速度を得るためにこそ、型に執着するしか手だてはないのである。

たしかに、円より直線の動きのほうが短く速いというのは、誰にでも理解できることだ。だが、眼に見える直線運動というものは、それがいくら物理的に速くとも身体の曲線運動、捻れによって発動されるものが大半である。その意味で身体の働きから生まれる直線に支えられた曲線は、見えないのだ。この見えざる曲線と見える直線とでは、どちらが速いのかは言うまでも無い。そのような武術的観点からの直線運動というものを、確認しておきたい。

そこで半身から半身への変化について、それが本来なにを意味するのかをまとめておこう。人の身体を鳥瞰的に見た場合、半身から半身へと転身する場合、両肩は円弧を描いて前方へ進むと思われるのが当然のことである。しかし、ひとの身体というものは、稽古を重ねることにより、時々刻々、変化をしていくものだ。たとえば、初心者であっても、構えた両肩を左右から挟まれて、ひと足を進め半身に転換してみると、上からは当然のことながら、正面から見てもその肩部は左右に膨らむことなく直線的に前方へ入れ替わるのが見て取れる。両肩は、まさしく前後の直線の動きに支えられて、体が回ることなく入れ替わることができるのだ。そのような動き方を、型はそこに在って時代を超えて要求し続けてきたのである。半身に構えれば、はじめは半歩動けば隙が生じる。その隙が見え、自覚できて初めて自身で矯正に努めることが出来るのである。

かくのごとく、人の身体の動きの是非が明確となれば、身体各部の働きを、すべて直線にするということが型稽古における重要な目標となることは必然である。そしてそれは、その難しさゆえの必須獲得項目ともなっているのである。それは取りも直さず、意識的に身体をそのように動かすべく努力をしなければ、漫然と型をいくらくり返していても、悪しき日常動作の非日常化は望めない。

そして、その型における動きを、すべて等速度で動くということに重大な意義がある。等速度運動ということは、相対的に動いていないのと同義であるからこそ、人対人の相互の運動関係において重要な要素となるのである。それは、そのまま年齢性別に無関係な動き方であることを意味する。それが、昔から武術というものは、年齢性別に関係なく学ぶことが出来るといわれ続けてきた所以なのである。

しかし、どの理論もそれぞれが極意と呼ばれる身体の段階へと導いてくれるものゆえ、その難しさを真に理解する人は少ない。多くは自身に引きつけて解釈をしてしまうため、その本質を誤解し、見誤ることが多い。人の弱さである。

実際、本人は等速度で動いていると思って稽古をしているが、大半は加速度運動をゆっくり動いているだけである。動けば形骸となるというのは、このことである。この現実があるからこそ、いかにして「型」という大きな壁を乗り越えることが出来るのか、型という形骸を通して見えざる厖大な情報をいかにして手に入れるのかという大難問が立ちはだかるのである。

(三) 半身、沈身、一文字腰の大事

これらは、最大最小理論の要請である。これらの理論、術の追究は結果的に何を我々にもたらすのだろうか。元々は単なる殺傷技術を学ぶためのものでしかない。だが、そこにある高度な術技を学び、身につけるために、まず自分自身の身体に深い注意を払い、神経を研ぎ澄まさなければならなくなる。そこに、本来の父母未生の自分とも言える自分自身を見いだすための道の入り口としての新たな姿を型に見いだすことになる。そんな術そのものを、日々愉しむことの出来る人にしか本来の自分自身に会う機会はないと言えよう。

それぞれを具体的にみれば、すでに型で説明したとおりである。正眼の構えで、振り上げ動作そのものがなく、振り下ろし、斬撃だけがそこに潜んでいるのが、我が流儀の特徴である。

相手と太刀を構え、互先を競い合う。その中で、太刀構えそのものは、その空間においてまったく位置を変えていないのだが、腰を落としたため、実際は太刀を大きく振り上げたのと同じ結果を得ているのである。ここに、太刀を振り上げて打ち込むという動作は消失したのである。手足を動かさず、身体そのものを何よりもまず働かすというのは、順体法の基本である。この理論により、斬撃は消えることになる……。かくして話は最初に戻る。

戻れば、力の絶対否定により、手先、腕力に頼る打ち込みではないため、相手が斬り込まれる太刀を防ごうとして、少しでも力を使えば、その自身の太刀は大きく撥ね、反らされることにもなる。このような力の排除も、柔術により、力の抜き較べとも言える地道な修行を積まなければ理解できないことだ……。と、また幾重にも理論回帰の同道めぐり……。

筆者による構え

このような身体の構えが存在するからこそ、振り下ろしのみの打突というものが可能になるのである。

強くなることを願っても、
術技を高めたいと願っても、
型を学べばひとつのものにしか到達しない。
それを、
美しさと表現しても
けっして間違いではないだろう。

おわりに

はじめに「剣術や柔術、居合術などというものに理論などないと思われている方、あるいはすでに日本の武術に幻滅感すら抱いている方々に本書を繙いていただけたら……」と述べたが、じつはそんな武術、武道愛好家の方たちばかりでなく、それ以上に広く一般の方、中でも運動の苦手な方々、またあるいは芸術諸分野の方々に目を通していただけたら、と念願しているところである。

現在、振武舘では、まことに柔和穏健、静謐端正で美的な稽古を目指している。優雅、典雅とさえ言っていただけたら、何より心からの充足感を覚える次第。

なんとなれば、それこそが剣の世界の眼に見えぬ速さ、真の怖さと心得るからにほかならない。型による精緻精妙な稽古の積み重ねこそが、過去未来を通じて唯一の武術的身体を創る。

非常に高度で難解な心身の運用技法を、型という理論を手掛かりに学ぶことが、それが安易に出来ないが故に、いかに愉しいものであるか。「今日は稽古日、たのしいな」という、そんな雰囲気を読み取っていただけたとしたら幸甚である。

とはいえ、拙文ゆえ思わぬ誤解の生ずるを畏れるばかりである。とくに理論的な記述に関しては極力意を砕いたつもりであるが、それもおぼつかない。どうか、諸賢のご賢察のほど御願い申し上げる次第である。

本文の大半をしめる型の理論的説明、注釈については、実際に武術や武道を学んでおられない方々にとっては、たとえそれが普遍的内容を含むものであっても、難解、煩雑な印象を持たれることであろう。しかし、まさにそれこそが型の何たるかに応答する重要な部分となっている。型の真の意味を理解せずして型稽古は成り立たない。現在、われわれが型稽古を心から愉しむことができる所以は、ここにこそある。

本書は、月刊「秘伝」誌に連載された「私の武備誌」第二十六回から第四十七回までの剣術編を、全体にわたり筆を入れ直し、まとめたものである。当初の計画では、剣術編、居合術編をひとつにまとめて上梓するはずであったが、紙数の都合で剣術編のみとなった。

本書を初めて手にされる方で総論編、柔術編にご興味のある方は、前著『気剣体一致の武術的身体を創る』を合わせてお読みいただければ幸いである。

最後になったが、書籍出版に際しては、前著同様に（株）ＢＡＢジャパン社長の東口敏郎氏の多大なるご尽力に与った。心より御礼を申し上げる次第である。また、書籍編集に当たっては過半数の写真の撮り直しも含めて堀内日出登巳氏のお世話になった。厚く御礼を申し上げたい。

なお、雑誌連載中、岩永祐一氏同様引き続き椎間健司氏、佐藤雅史氏には写真撮影ならびに編集でお世話になった。この場をお借りしてお三人に御礼を申し上げる。

平成十二年八月吉日

振武舘黒田道場　黒田鉄山

改訂版　おわりに

新装改訂版三部作同時発売という計画も、うたかたの泡と消え去りました。『気剣体の「創」』のあとがきでもご報告したとおりの如何ともしがたい生活状況では、精一杯の仕事でありました。まさか、わたくしがこのような執筆作業の苦界を経験するとは思いもよりませんでした。

以前、編集あるいは映像担当の方から、他の先生方がまだメールを使っていない頃から、わたくしは使っていたとか、早期からパソコンでの原稿ファイルのやりとりをありがたく思っていたなどと伺って喜んでいたわたくしでしたが、それでも今回の作業は、孫たちの書斎への乱入、闖入に脅かされ、絶体絶命の状況が相変わらず続き、月刊の編集でお世話になっていた原田氏が書籍担当へ移ったのは幸いでしたけれど、だいぶお待たせすることになってしまいました。かような流れの中で社長の東口様には相当の焦慮に駆られた事と存じます。この改訂作業の直後は、また海外の合宿に向かいますので、第三部の改訂作業着手は、直前に入るにしても、本作業は帰国後となります……。合掌、頓首九拝。

この第二作目も大幅な削除改訂を行いました。削除部分に関しまして、悩みましたが、全体の構成を考えたうえで省略させていただきました。全体を通してみれば、理論説明およびやるべきことの繰り返しが目障りかも知れませんが、現場での稽古の感覚から自然に出たものと思われますので、それはそのまま残しました。実際、たしかに稽古の場では、同じことを何度注意しても人の体は意のごとくには動いてはくれません。そんな同じ言葉を何度眼にしても、その人のいまいる段階が変わらないかぎり、眼には映っても真の理解にはほど遠いものです。それが道場における日常となっているからこそ、それを早く少しでも乗り越えていただきたいという気持からくどくなってしまったのだと思います。たしかに、一般の理論書ならば同じことをくり返す必要はありません。最初の一言で済んでしまいます。後は、それが出来るか出来ないかはやる人の覚悟次第ですから。

とは言え、一般的な感覚からすれば消える身体、浮身、無足の法など基本からして理解しがたいことかもしれませんが、まさにこの年齢のわたくしが、そんな経験を経てきた今の眼で旧著を振り返り、眼に付くかぎりの箇所を、さらなる改訂をさせていただいた次第。その多くは、切り口も変わり、まったく新しい作品となったと言えるかもしれません。その結果、分かりにくいと思われる箇所もそれなりに分かりやすく（読みやすく）なったのではないか……と。蒙御免我田引水。

初めて本書を手にされる方に一言付け加えさせていただきます。今回改訂させていただいた原本は、もともとわたくし個人の武術備忘録を元にしたものであります。その都度、その年齢のわたくしが心からそう思ったこと、反省させられたことを綴らせていただいたものです。そして、それらは孫子等のためにと思って綴ってきたものでした。それを、武を志す方々の何かのご参考にでもなればという気持と共に、我が日本古来の伝統武術の素晴らしさを少しでも多くの方に知っていただきたい、そしてそれを誇りに思っていただけたら、という気持で著したものでした。

たしかに、今日、我が国古来の伝統を誇りに思う心は、遠い彼方へ消え去ってしまった感があります。諸外国の方々が我が国の伝統文化を学ぼうとしている昨今、なぜ我が同胞の眼は足元の文化遺産に眼を向けてくださらないのでしょうか。我が国の伝統文化遺産のひとつである武術は殺傷技術が基本ではありますが、武医同術という二律背反する世界を包含しております。殺傷することができるからこそ蘇生させることも可能であると。ただ単に、より強いか弱いかを物差しとしてしまえば、自然の猛威に対して人の力など無力にすぎません。いや、あくまでも人対人という範疇で、ということであれば、古来より伝えられている「力には限りがあるが、技にはかぎりがないゆえ、頼もしいかな」という術歌が伝えられているとおり、我々のこの世界にこそ人を越えた別次元の世界が存在しているのです。それが、まさに古伝の侍の、我々の祖先たちの、日の本の国の文化なのです。

と、この第二巻のあとがきに際して全体を見渡せば、剣術編ということもあり、重ねてわたくし自身の幼少からの剣術に対する思いもあって、少しでも古伝の日本武術のより深いご理解をいただければとの思いから、日本古来の伝統文化礼賛の気味が強くなってしまったようだ。
そんな気持が若い頃よりさらに強まったとすれば、この歳（六五）を迎えて、力では行くことの出来ない世界で、まだ上達し続けているという狂気《めくるめく》の日々を送っているからかもしれない。

最後になってしまったが、第一巻同様、（株）ＢＡＢジャパン社長東口敏郎氏には懇切なお心遣いを賜り、また編集の原田伸幸氏には首を長くさせてしまったうえ多大なお世話になり、この場をお借りして心より厚く御礼を申し上げたい。
平成二十七年七月吉日

振武舘黒田道場　黒田鉄山

本書は 2000 年に発行された『気剣体一致の「改」』の新装改訂版です。

著者プロフィール

黒田鉄山（くろだ　てつざん）

振武舘黒田道場館長。1950 年埼玉県生まれ。祖父泰治鉄心斎につき、家伝の武術を学ぶ。民弥流居合術、駒川改心流剣術、四心多久間流柔術、椿木小天狗流棒術、誠玉小栗流殺活術の五流の宗家。現在も振武舘黒田道場において、弟子と共に武術本来の動きを追求し続けている。

振武舘黒田道場

〒 337-0041　埼玉県さいたま市見沼区南中丸 734-55

装幀：中野岳人

本文デザイン：澤川美代子

気剣体一致の「改《KAI》」〈新装改訂版〉

2015 年 8 月 10 日　初版第 1 刷発行

著　　者　黒田鉄山
発 行 者　東口 敏郎
発 行 所　株式会社ＢＡＢジャパン
〒 151-0073 東京都渋谷区笹塚 1-30-11 中村ビル
TEL　03-3469-0135　　FAX　03-3469-0162
URL　http://www.bab.co.jp/
E-mail　shop@bab.co.jp
郵便振替 00140-7-116767
印刷・製本　中央精版印刷株式会社

ISBN978-4-86220-922-1　C2075

DVD Collection「黒田鉄山 古伝武術極意指南シリーズ」

⑪超次元身体の法　第１巻 剣体編

■内容：素振り／駒川改心流剣術（涎賺し＝剣術に於ける無足の法、肩を制御されての無足、他）／切上［胸のつかい、無足の法、胸の働きによる攻め］／目付［斬りの難しさ、遅速不二ということ］／足切［順体の沈み、間の変化、他］／附込［順体とひと調子、他］／龍段返［緻密な制御、他］）

●収録時間46分　●本体5,500円＋税

⑫超次元身体の法　第２巻　柔体編

■内容：順体による遊び（肩の分離、体ほぐし、無足の法、その他／型の習得（肮之巻［形として使う］·腰の剣［重心の右移動を保持］·引捨［胸の落としをつかう］·切落［鞘引きの体捌きを使う］·向詰［胸のつかい方］·乱曲［剣術の涎賺しで入る］·浮身［抜き付けと左右の返し］·他）

●収録時間42分　●本体5,500円＋税

⑬極意★一調子の動き ～古流武術の体捌き～

■内容：腕を抜く／脚の内旋・外旋／腕と脚を抑えての腕抜き／腕抑えの投げ／腕の屈曲／一調子の型（民弥流居合術〈切附・向掛〉、駒川改心流剣術〈飛変・足切〉、四心多久間流柔術〈壱足・切落〉、改心流剣術〈飛変・足切〉、四心多久間流柔術〈壱足・切落〉）

●収録時間50分　●本体5,500円＋税

武術の遊び稽古　第１巻　柔術編

「消える動き」「速さ」を追求する武術が理想とする身体の養成！　力の絶対的否定から始める武術修行者のための＂稽古法＂とは!!　■内容：順体法①（基本：上体を固めて動く）／順体法②（順体から体を捌くという意味）／無足之法（足を使ってはいけないという意味）／浮身（居合の極意―状況の逆転：不抜不斬の勝）／他

●収録時間83分　●本体5,000円＋税

武術の遊び稽古　第２巻　剣術編

黒田鉄山師が指導する非日常的で芸術的な武術的身体を養うための様々な訓練――”遊び稽古”を丁寧に紹介。■内容：剣術における無足之法（構えを正確に保つということ）／直線に動くということ（直線の動きは体捌きによって生まれる）／胸を働かすということ（胸を下ろす）■ひと調子の動き（力の絶対的否定の意味）／他

●収録時間88分　●本体5,000円＋税